EL PEQUEÑO LIBRO PARA ESCRIBIR SIN FALTAS

EL PEQUEÑO LIBRO PARA ESCRIBIR SIN FALTAS

Álex Herrero

alienta
EDITORIAL

Alienta es un sello editorial de Centro de Libros PAPF, SLU.
Av. Diagonal, 662-664
08034 Barcelona
www.planetadelibros.com

Primera edición: junio de 2025
Depósito legal: B. 9.000-2025
ISBN: 978-84-1344-432-1
Composición: Maria Garcia
Impresión y encuadernación: EGEDSA
Printed in Spain - Impreso en España

PEFC Certificado
Este libro procede de bosques gestionados de forma sostenible
PEFC
PEFC/14-38300305
www.pefc.es

A mi madre y su cartilla de lectoescritura Palau.
A los correctores de textos.

Sumario

Bloque II
ORTOTIPOGRAFÍA

Bloque III
GRAMÁTICA

Bloque IV
LÉXICO

Introducción

¿De qué va este libro?

Supongo que has abierto este libro porque eres una de esas personas que no puede evitar mirar un texto sin un boli rojo en la mano para marcar cada error que detectas, que sientes cómo un pitido ensordecedor te atraviesa el tímpano cada vez que escuchas *haiga* o que sabes que la locución latina es *motu proprio* y no *de motu propio*. O quizá te has hecho con este ejemplar porque a veces te surgen dudas ortográficas o gramaticales y se te olvidan las reglas que aprendiste en el colegio. Si eres un auténtico *pureta* del idioma y necesitas un vademécum lingüístico que te ayude a preservar nuestra lengua, o si lo que quieres es un manual práctico para resolver tus dilemas *linguales*, no busques más, lo has encontrado.

El pequeño libro para escribir sin faltas será tu aliado fiel en todas las cenas familiares, compromisos sociales y conversaciones con tus amigos por WhatsApp sobre asuntos idiomáticos —siempre y cuando no terminen hasta el gorro de ti (sin tilde, por supuesto) por ir corrigiendo a diestro y siniestro, y te manden a paseo—. Pero sobre todo pretende invitarte a reflexionar acerca de la importancia comunicativa de la norma lingüística y cómo el español cambia, además de resolverte las dudas que en su momento asaltaron a este autor.

Antes de entrar en materia, vamos a analizar un par de cuestiones.

¿Hablamos cada vez peor?

«La mayoría de quienes tienen alguna preocupación por el tema reconocerán que el lenguaje goza de una pésima salud, aunque en general se da por sentado que no hay acción consciente que pueda remediarlo. Nuestra civilización está en decadencia y el lenguaje —según este argumento— participa inevitablemente del desplome general. De ahí se sigue que cualquier lucha contra el mal uso de la lengua sea un arcaísmo sentimental como preferir las velas a la luz eléctrica o los carromatos a los aviones. Un hombre puede darse a la bebida porque considere que es un fracasado y luego fracasar por completo porque se ha dado a la bebida. Algo parecido está ocurriendo con [el español]», ¿o no? Estas palabras no son mías, sino del escritor y periodista George Orwell sobre el inglés. Únicamente he sustituido su idioma por el nuestro.

El autor de *1984* sentía tal preocupación por cómo los políticos utilizaban la lengua inglesa que, en 1946, publicó el ensayo *La política y el lenguaje inglés* para alertar sobre errores lingüísticos garrafales que impedían que las ideas llegasen con claridad a los ciudadanos. Algunas de las reglas que propone son la mar de interesantes: evitar figuras retóricas, escoger palabras cortas, suprimir términos innecesarios, sustituir los extranjerismos crudos o arcaísmos por voces corrientes y, por supuesto, saltarse cualquiera de las reglas anteriores antes de decir una barbaridad. Como ves, normas utilísimas.

Ahora bien, si consideras que cada vez hablamos y escribimos peor, lamento decirte que estás más perdido que una errata en este libro. Sé que esta afirmación tan rotunda por mi parte puede parecer algo presuntuosa o, con permiso de los adolescentes, que *me estoy marcando un triple*, pero déjame que te convenza con varios datos que refutan ese relato.

En primer lugar, vivimos en el momento de la historia con el mayor número de hispanohablantes (más de 600 millones) y, en segundo, con la menor tasa de analfabetismo en los países hispanohablantes occidentales. Así las cosas, por pura proporción, resulta dificilísimo que el número de personas que se comunican en español sin seguir la norma supere al que sí lo hace. Si aún no he logrado convencerte y crees que la culpa de esta supuesta decadencia la tienen los adolescentes, tengo que decirte que hasta la fecha no se ha publicado ningún estudio sobre si determinadas generaciones emplean nuestro idioma con más o menos devoción por la norma académica. Además, si se llevase a cabo, el resultado sería efímero, ya que nos informaría de unos hablantes concretos en un tiempo y lugar determinados, y la muestra de participantes —en comparación con el número total de hispanohablantes— no sería fiable, dado que habría que distinguir entre factores como el país y la región en la que se hace, el nivel de estudios, si el español es su lengua materna o la segunda, la variante del español... En definitiva, un trabajo más difícil que pronunciar *hipopotomonstrosesquipedaliofobia* ('miedo a las palabras largas').

Entonces, ¿por qué gran parte de la población considera que cada vez hablamos peor? Uno de los motivos principales es porque nos leemos más. Gracias a internet, un emeritense puede mantener una conversación fluida con un meridano o con un merideño —aunque el primero viva en la Mérida de España; el segundo, en la de México, y el tercero, en la de Venezuela— y lanzar a cualquier parte del mundo sus importantísimas ideas o trascendentalísimas opiniones en cuestión de segundos. Unido a lo anterior, lamento decirte que el paso del tiempo no lo notamos en exclusiva en la piel, sino también en la lengua: los temas que nos interesan no tienen nada que ver con los de las nuevas generaciones, aquellas referencias que estaban tan de moda como el *Ola k ase?* hoy se consideran *vintage* y los códigos, canales y registros más modernos nos parecen casi extraterrestres. Por lo tanto, los más jóvenes no hablan peor, lo que ocurre es que se comunican de forma distinta y nosotros nos hacemos viejos. Ahora bien, eso no tiene por qué ser algo negativo.

Si todavía no te he convencido, permíteme que gaste la última bala. ¿Qué significa escribir o hablar *bien*? Durante toda la historia, el lenguaje humano ha sido estudiado por distintos expertos y podemos distinguir entre dos grandes perspectivas lingüísticas —por supuesto, enfrentadas—. Por un lado, la prescriptivista, que pretende *normar* los usos del discurso oral y escrito mediante reglas que discriminan lo correcto de lo erróneo, lo culto de lo vulgar, la virtud del vicio (de ahí que el escudo de la RAE contenga un crisol que limpia el idioma de *impurezas*)…, y gracias a la cual yo estoy escribiendo este libro. Por otro, la descriptivista, que no busca imponer normas, sino mostrar cómo los hablantes utilizan la lengua y la transforman.

Aunque es posible que te consideres un *grammar nazi* de manual, un adalid que lucha por defender el uso normativo del español, te voy a explicar por qué eres más descriptivista de lo que crees. ¡Ah! Y no te preocupes. Ser descriptivista no es nada malo.

Es cierto que nos educamos con la idea de que existe un uso exquisito de la lengua, un estándar puro y casi inalterable que debe seguirse a pies juntillas. Sin embargo, nada más lejos de la realidad. El español, como cualquier idioma, es un elemento vivo muy heterogéneo, es decir, diferente según los grupos sociales, generacionales o ámbitos geográficos. Así, lo que conocemos como *español* no deja de ser un concepto amplísimo que engloba distintas variedades, que no son ni mejores ni peores, sino distintas, y una de ellas es la que llamamos *culta*, la cual —como todas— nace del uso, que se transforma en una norma reconocible por la mayoría y, por tanto, facilita la comunicación. ¿O acaso pensabas que el Espíritu Santo dictaba la norma a los académicos? Ten en cuenta que la RAE, a fecha de 2025, lleva publicadas catorce ediciones de la *Ortografía* y más de treinta de la *Gramática* y del *Diccionario* (incluyendo las actualizaciones anuales).

Así las cosas, si amas el español tanto como yo, serás consciente de que el error de hoy puede ser la norma de mañana.

Nos gusta expresarnos bien

Sé que puede resultar paradójico que escriba un libro sobre cómo escribir mejor si, tal y como he mencionado antes, hay argumentos de sobra para creer que cada día nos expresamos más correctamente.

En primer lugar, porque el uso normativo de la lengua no se puede permitir algunos argumentos que se esgrimen con una ligereza que asusta. Soltar comentarios como «Eso suena fatal» o «Se ve raro» son expresiones adecuadísimas en las ópticas y las tiendas de audífonos, pero no se pueden considerar bajo ningún concepto argumentos lingüísticos. Qué pobre sería por nuestra parte considerar que, en materia lingüística, tenemos la razón absoluta por la falta de costumbre de leer alguna palabra o de escuchar alguna construcción.

En segundo lugar, porque tanto para corregir como para saltarse las normas es obligatorio conocerlas a fondo. De otro modo, caeríamos constantemente en correcciones *medalaganarias* que flaco favor hacen a nuestro idioma y a nuestro interlocutor.

En tercer lugar, porque los bulos lingüísticos son más antiguos que la famosa posverdad y quiero que los destierres de tu argumentario: que si las mayúsculas no se acentúan, que si no se puede poner una coma delante de la conjunción *y*, que si una palabra no está en el diccionario académico no debe utilizarse... A pesar de que los promotores de estas afirmaciones hayan sido, en su mayoría, profesores bienintencionados, es hora de poner negro sobre blanco y conocer, realmente, qué es (o era) verdad, qué es una verdad a medias y qué es completamente falso.

En cuarto lugar, porque quienes amamos la lengua solemos tener más dudas que certezas, lo cual, sin duda, es un síntoma maravilloso de prudencia que nos obliga a consultar la norma cada cierto tiempo para comprobar que todas nuestras correcciones son adecuadas y que predicamos la norma más reciente (no vayamos a liarla).

En quinto lugar, porque tanto las empresas y los organismos como los hablantes de a pie somos conscientes de que expresarnos correctamente tiene muchas más ventajas que inconvenientes. Consideramos que nuestras palabras son nuestra imagen. Si nos ponemos nuestras mejores galas cuando tenemos una cita de Tinder, ¿por qué no íbamos a cuidar la forma de expresarnos? Recuerda que la lengua es transversal a cualquier ámbito de nuestra vida: sirve para engañar o para que no nos engañen, para conseguir que nos suban el sueldo o que no nos despidan... En definitiva, sirve para absolutamente todo.

Dicho esto, una vez que ya conoces mi declaración de intenciones, ha llegado la hora de ponernos manos a la obra. En los próximos bloques hablaremos de cuestiones ortográficas, ortotipográficas, gramaticales y léxicas. A modo de bonus, al final de este libro encontrarás algunos recursos utilísimos para que domines a la perfección el español en tu día a día.

BLOQUE I

ORTOGRAFÍA

EL ARTE DE ESCRIBIR CORRECTAMENTE

Echando mano del *Diccionario de la lengua española*, la ortografía (del latín *ortographia*, y antes del griego *ortographía*, formado por *orto-* 'recto' y *-graphía* 'escritura') se define como el «conjunto de normas que regulan la escritura de una lengua», una definición tan objetiva que casi se vuelve algo fría, en comparación con la que se recogía en el *Diccionario de la lengua castellana reducido a un tomo para su más fácil uso* (1780): «El arte que enseña á *(sic)* escribir correctamente, y con la puntuacion *(sic)* y letras que son necesarias para que se le dé el sentido perfecto quando *(sic)* se lea». Preciosísima, ¿verdad?

La función de la ortografía es garantizar y facilitar la comunicación entre los hablantes de una misma lengua estableciendo un código común para su escritura, una suerte de pacto: «Tú y yo, hispanohablante mío, acordamos escribir con veintinueve símbolos, a los que llamamos *letras*, y una serie de signos». Por lo tanto, tiene un papel unificador, de forma que cualquier hablante de una misma lengua pueda leer cualquier texto escrito, aunque su variedad sea distinta.

No todas las lenguas poseen ortografía. La ortografía se construye sobre una lengua estándar, es decir, una lengua artificial que se toma como modelo principalmente para la enseñanza y los medios de comunicación y que, como resultado, acaba siendo considerada por los hablantes como la norma culta de su lengua (aunque no tiene por qué coincidir). Esta lengua estándar puede construirse de múltiples maneras: bien a partir de un dialecto concreto dentro del idioma (como ocurrió con el italiano estándar, que se creó a partir del dialecto florentino), bien mediante una selección de rasgos de los diferentes dialectos (así se hizo el alemán estándar). Las lenguas estándares se construyen mediante la fijación de una serie de rasgos lingüísticos. Como parte de este proceso se encuentra la ortografía, que selecciona (y fija) unas normas de escritura precisas que tienden a reflejar en cierto grado la pronunciación estándar de la lengua. Por este motivo, las lenguas (estándar) que presentan una escritura alfabética (es decir, con símbolos que representen sonidos, ya sea nuestro alfabeto latino u otro) son las únicas que pueden desarrollar una ortografía. Lenguas que carecen de este tipo de escritura (como el chino, que usa logogramas, es decir, símbolos que representan palabras, o el japonés, que usa un sistema silábico) no pueden desarrollar una ortografía. Por supuesto, tampoco pueden hacerlo las lenguas que carecen de cualquier tipo de escritura.

¿Qué ocurre con el español? El español estándar actual es el resultado de un proceso muy largo que se inició en el taller de copistas de Alfonso X el Sabio en el siglo XIII. Esta escuela pretendía traducir obras del hebreo, el griego, el latín y el árabe a un español (o, mejor dicho entonces, castellano) fácil de entender. Así, además de seleccionar ciertos rasgos lingüísticos (la mayoría procedentes del habla toledana, donde estaba la corte real), se estableció un primer intento de ortografía que acercó, por uso más que por norma, la escritura del romance a su fonética. La invención de la imprenta en el siglo XV y el interés del Renacimiento en las lenguas vernáculas (propias de un territorio concreto) produjeron otra oleada de interés ortográfico que fue fijando (también por uso) las formas de escritura del (ahora sí) español. Sin embargo, cada impresor hacía lo que le venía en gana, y en el siglo XVIII unos señores decidieron fundar la Real Academia Española para velar por la integridad de la lengua y crearon un diccionario (el *Diccionario de autoridades* [1726-1739], padre del actual *Diccionario de la lengua española* que consultamos todos). Para redactarlo, idearon un sistema ortográfico propio (que vio la luz como la *Ortographía española* en 1741). Desde entonces, y aunque tardaron un siglo en imponer su uso en la comunidad, sus reglas ortográficas (y las de sus sucesivas ediciones) son las que los hablantes hemos usado para escribir la lengua estándar española. Vamos, las reglas que vas a aprender en este libro.

Al igual que cambia la lengua, su ortografía puede variar (y varía) a lo largo del tiempo. Pero estos cambios suelen ser pequeños. No porque la institución que las determine tenga una idea conservadora de la ortografía y no esté dispuesta a permitir cambios de gran calibre (que también), sino porque los propios hablantes (o, mejor dicho, escribientes) rechazan estos cambios. Si no, acuérdate del consabido debate sobre si *solo* debe escribirse con tilde o sin ella, que ha levantado ampollas hasta en medios de comunicación. Los hablantes sienten la ortografía como suya, y no quieren rechazar las normas que tantos años de escolarización les costó aprender. Por ello, aprovecha este libro, que te voy a contar de manera rápida y amena todas las normas que debes conocer hoy en día para escribir sin faltas en español.

PUNTUACIÓN

Quien considere que el objetivo actual de la puntuación es marcar pausas para que los lectores respiren (o descansen) durante la lectura está totalmente equivocado. Si fuera así, ¿no redactaríamos, al menos, de dos maneras un texto? Ya me entiendes, uno llenito de signos para asmáticos fumadores y otro sin apenas puntuación para deportistas que practican apnea.

Es cierto que, en sus orígenes, los signos de puntuación más primitivos marcaban el ritmo y la prosodia de los textos, lo cual tenía todo el sentido del mundo. Pensemos que tanto en la Antigüedad clásica como la Edad Media la lectura era un acto público: un orador era el responsable de marcar los límites entre una idea y otra. Así pues, estos signos primitivos garabateados en su texto eran una valiosísima ayuda para separar dónde acababa una idea y dónde empezaba la siguiente o cómo debía entenderse, de modo que el mensaje no perdiera el sentido original ni se interpretase y difundiera erróneamente.

Con la invención de la imprenta, los libros empiezan a alcanzar una mayor difusión y la lectura se convierte en acto privado, donde cada lector debe entender de forma correcta el mensaje por sí mismo. En este momento de la historia, impresores, correctores y humanistas necesitan con urgencia normas prácticas para imprimir correctamente, y gracias a estos oficios se empiezan a fijar los criterios de uso de los signos de puntuación, los cuales han evolucionado hasta el siglo XIX. Desde entonces, apenas han sufrido variaciones, aunque los quebraderos de cabeza que nos provocan muchos de ellos sigan siendo los mismos.

Vamos a ordenarlos en tres grupos:

✧ Los que separan las partes del texto: el punto, la coma, el punto y coma y los dos puntos.

✧ Los que transmiten la actitud del emisor sobre el mensaje (duda, sobresalto, suspense…): puntos suspensivos, exclamación e interrogación.

✧ Los que marcan segmentos dentro de una oración: comillas, rayas, paréntesis, corchetes.

Aviso a navegantes. Aunque lo adecuado es respetar las normas académicas, hay algunos ámbitos, como sucede con los textos literarios, en los que se utilizan los signos de puntuación de forma más personal: alteran su uso, prescinden de ellos, abusan de algunos… Aunque los diferentes estilos y propuestas pueden dificultar la comprensión del texto, recuerda: sus textos, sus normas.

Por lo pronto, empecemos con el signo que da nombre a la palabra *puntuación*.

Punto

¿Para qué sirve?

Para marcar el final de un enunciado, un párrafo o un texto.

- Si marca el final de un enunciado y a continuación, en el mismo renglón, se inicia otro, se denomina *punto y seguido* (también *punto seguido*).

- Si se escribe al final de un párrafo y el enunciado siguiente inicia un párrafo nuevo, se denomina punto y aparte (también *punto aparte*).

- Si se coloca al final de un texto o de una división importante del texto, se denomina punto final (nunca ⊗*punto y final*).

No te preocupes si, a veces, dudas sobre cuándo se debe elegir entre el punto y seguido o el punto y aparte. Todo depende de cómo jerarquices y organices las ideas. Por ejemplo, igual que he cerrado los elementos de la lista anterior con puntos y aparte, también podría haberlo hecho con puntos y seguido.

¿Dónde se coloca y dónde no?

De forma general, sabemos que el punto se sitúa tras la última letra de la última palabra del período que se quiera cerrar y que no se coloca detrás de la coma, el punto y coma o los puntos suspensivos. Tampoco tras los signos de interrogación ni de exclamación. En ®*¿Perdona?.* jamás perdonaré ese punto detrás del signo de cierre de interrogación. Ahora bien, sí deben incorporarse detrás de signos dobles como:

- Comillas: «*Iré a tu casa mañana por la tarde*».
- Paréntesis: *Sé que llegarás tarde. (Por lo menos avisa).*
- Rayas: *Nunca te vi tan alegre —en mi opinión—.*
- Corchetes: *[Nombre y apellidos].*

El único punto que puede aparecer antes de estos elementos de cierre es el abreviativo; pero, en ese caso, también hay que poner un punto detrás: *Vendrán muchos amigos (Roberto, Mapi, Inés, Patri, etc.).*

¿Cuándo no se debe utilizar?

- **En los millares.** Se recomienda que, para evitar ambigüedades, se prescinda del punto para separar millares. Por lo tanto, *60 000 €* es preferible a *60.000 €*, aunque en contextos contables no se aplique.
- **En elementos que figuren aislados en una línea.** Se escriben sin punto posterior la fecha con la que comienza una carta, los datos de una tarjeta de

identificación o de visita o cuando encontramos el nombre del autor en otra línea independiente.

- **En títulos y subtítulos.** Los nombres de capítulos, secciones, artículos, imágenes, gráficos o aquellos que aparezcan aislados deben escribirse sin punto.

- **En señales, lemas, escudos, pancartas y carteles.** ¿Acaso no son frases aisladas?

- **En los índices.** No se coloca el punto detrás de cada elemento en un índice.

- **En los códigos o identificadores.** Las expresiones numéricas que responden a identificadores, como ocurre con los años (*2025*), las páginas (*pág. 1367*), los códigos postales (*42126*), los decretos o leyes (*Ley 2523/2007*), se escriben sin puntos ni espacios.

¿Cuándo es opcional utilizar el punto?

- **En las dedicatorias.** Las más cortas (*A mi madre*) tienden a prescindir del punto, mientras que las más extensas o con puntuación interna (*A mi madre, por prepararme tantos táperes de macarrones mientras escribía este libro; a mi padre, por traerme los táperes de macarrones que con tanto cariño me preparaba mi madre.*) favorecen su aparición.

- **En los pies de imagen.** Cuando estos textos se consideran etiquetas (*Una plancha*), prescinden del punto. Sin embargo, cuando dan una explicación o se comportan como una frase (*El primer ministro invitando a la primera ministra del país vecino a entrar en la sala de autoridades.*), lo habitual es que incorporen el punto.

- **En las listas.** Si alguna vez has hecho un examen tipo test, recordarás que, entre las opciones de respuesta, hay algunas más cortas (*Sí* o *No*, *Siempre* o *Nunca*) y otras más largas (*Únicamente en los casos en los que ninguno de los vehículos implicados supere la masa máxima autorizada*). En este caso, debes escoger si incorporas (o prescindes) el punto en todos los casos.

¿Y en las direcciones electrónicas?

Cuando una dirección aparece al final de un enunciado, lo más indicado es cerrarla con punto (*Entra en www.web.es.*). Sin embargo, cuando se encuentre en otra línea diferente, lo adecuado es prescindir del punto (*Visita mi web: / www.web.es*).

Pero ¿qué ocurre si una página web acaba con un signo de puntuación? En ese caso, que no cunda el pánico. En textos digitales siempre puedes:

- Crear un hipervínculo que no incluya el punto de cierre: *Accede a https://aplica.rae.es/orweb/cgi-bin/v.cgi?i=UeRpgtadHksKBqo.*.

- Encerrar la dirección entre diples: *Accede a <https://aplica.rae.es/orweb/cgi-bin/v.cgi?i=UeRpgtadHksKBqo,>.*

- Utilizar acortadores de URL que prescindan de signos de puntuación: *Accede a https://bit.ly/3uzGjFp.*

¿Pongo punto en los mensajes de WhatsApp?

Sé que es una pregunta que te perturba y por eso, a falta de una, te traigo dos respuestas posibles para que te quedes con la que prefieras:

- **Lo pongo y punto.** Según la norma académica, lo adecuado es colocar el punto al final de cada oración, tal y como haríamos en un contexto analógico.

- **Lo quito y (no pongo el) punto.** Las aplicaciones y sistemas de mensajería instantánea suelen delimitar visualmente los mensajes en globos, en bocadillos... Si a estos recursos gráficos le unimos que cuando los utilizamos solemos expresar un enunciado por mensaje, el riesgo de que haya problemas de comprensión es reducidísimo y, por lo tanto, sería admisible prescindir de esos puntos (incluso hay quien considera que añadir el punto al final del mensaje es un síntoma de cabreo o de *pringaos*).

Otros usos

- **Abreviaturas.** Se escribe punto detrás de las abreviaturas (*etc.*) (ver sección ABREVIATURAS), salvo aquellas que sustituyen este signo por otro, como ocurre con *c/* o *(a)*.

- **Para fechas y horas.** Puede utilizarse tanto para separar las partes de la fecha (*[día].[mes].[año]*) como para los minutos de las horas (*20.30 h*). Para esto último, en contextos técnicos, se prefiere el uso de los dos puntos (ver sección DOS PUNTOS).

Coma

¿Para qué sirve?

Sin duda, es uno de los signos que más nos lleva por el camino de la amargura (para que te hagas una idea, la *Ortografía de la lengua española* le dedica más de cuarenta páginas). Ahora bien, su función es clara: separar, dentro de un texto, algunos elementos de otros que no forman parte de la misma unidad sintáctica. Piensa que situar una coma en el lugar equivocado provoca un cambio de significado. Por ejemplo, entre *No tenga piedad* y *No, tenga piedad* hay una coma suelta y un destino muy diferente. Y cómo tratarían los servicios sociales a unos padres que en vez de decir *Comed, niños* invitaran a sus vecinos con un *Comed niños.*

La coma distingue dos tipos de usos: unos obligatorios y otros opcionales. Además, hay contextos en los que no debes usar la coma, aunque el cuerpo te lo pida.

¿Cuándo debo usarla?

- **En las oraciones explicativas y especificativas.** ¿A que *Las casas, que son azules, son tuyas* no significa lo mismo que *Las casas que son azules son tuyas*?

  La primera (con comas) es una **construcción explicativa**: aquella que te aporta más información sobre la frase, pero que no necesito saber impepinablemente para interpretarla bien. En otras palabras: me daría igual saber que son azules o rosa flúor, básicamente, porque lo que me interesa es saber que *las casas son tuyas*.

  La segunda (sin comas) es una **construcción especificativa**: aquella que aclara o especifica a qué entidad se hace referencia. En este caso, me quiere especificar que las casas azules son tuyas y que las de otro color tendrán otros dueños.

- **En algunos parentescos.** Aprovechando que el Pisuerga pasa por Valladolid y que acabo de explicar las oraciones especificativas y explicativas, conviene tener en cuenta que algunos parentescos solamente admiten construcciones explicativas. Por ejemplo, si hablase de ⊗*Mi novia Sofía* —así, sin comas—, ¿cuántas tendría? Por lo menos dos: Sofía y la que no es Sofía. Lo mismo ocurriría con ⊗*Mi madre Carmen*, quien se pondría celosísima de la otra progenitora. Por ello, en ambos casos lo adecuado habría sido escribir las construcciones entre comas (*Mi novia, Sofía* y *Mi madre, Carmen*).

Ahora bien, parentescos y relaciones como hermanos, tíos, primos, abuelos... ¡o amantes! no plantean ningún problema con las comas. Tan válido es hablar de *El amante, que vive en Londres, es abogado* (si se tiene uno) como de *El amante que vive en Londres es abogado* (si se tienen varios). Todo es cuestión de tener responsabilidad afectiva y tiempo.

- **En los vocativos.** Sin duda, una de las grandes comas olvidadas. Los vocativos son nombres que llaman la atención directamente al oyente. Al ser elementos externos deben separarse con coma, independientemente de la posición que ocupen. Es el caso de *¡Hola, Ana!* o *Así lo haré, chef.*

- **En las interjecciones.** Ya sean elementos (*uf, bah, zasca...*), palabras (*joder, tío, demonios...*) o expresiones (*¡venga ya!, ¡mi madre!, ¡Dios mío!...*), lo adecuado es escribir las interjecciones entre comas.

  La única excepción en la que se prescindiría de la coma es cuando nos enfrentamos a una *locución interjectiva* —sé que suena raro, pero es más sencillo de lo que parece—. Fíjate en *¡Ay Dios!* o *¡Ay la Virgen!* Puesto que no usamos estas expresiones para referirnos a Dios y a la Virgen, sino para indicar sorpresa, lo adecuado es prescindir de la coma.

- **En los incisos.** En *La madre de Lucía, licenciada en Derecho, es una persona fabulosa* o *El lunes, el día que* *llegas, inauguraremos la exposición*, «licenciada en Derecho» y «el día que llegas» constituyen un inciso, es decir, una secuencia que interrumpe el enunciado para aportar precisiones, ampliaciones, apreciaciones, rectificaciones o circunstancias a lo dicho, y se aíslan entre comas.

> ¡Vigila bien la construcción de los incisos! Recuerda colocar siempre una coma de apertura y otra de cierre. De comerte alguna de ellas, es posible que caigas en la temible coma criminal (la que se coloca entre sujeto y predicado o entre el verbo y sus complementos principales): ⊗*La madre de Lucía licenciada en Derecho, es una persona fabulosa.*

- **En las construcciones absolutas.** Aquellas que se construyen con un participio o un gerundio que dice algo de un nombre pospuesto y enmarcan lo que se afirma a continuación (*Ayudándome de una escalera, conseguí llegar al desván* o *Acabada la función, nos fuimos a casa*).

- **En los apéndices confirmativos.** Añade la coma delante de expresiones interrogativas que se utilizan para cerrar frases (*Es genial, ¿a que sí? Me parece un poco extraño, ¿a ti no?*).

- **Delante de *pero*, *mas*, *aunque*.** Delante de las conjunciones adversativas lo adecuado es escribir coma (*Estoy cansado, pero iré* o *Jamás miento, mas no me quedaba otra*). La única excepción es cuando alguna de estas conjunciones se sitúa entre dos adjetivos o dos adverbios. En ese caso, no se añadiría la coma (*Avanzo lento pero seguro*).

- **Cuando sustituya a un verbo.** Si dijese *Él, despedido*, todos —hasta el pobre él— comprenderán que lo que realmente expresé es que *Él [está] despedido*. Así pues, para marcar que he omitido el verbo (lo que conocemos como elisión verbal), es correcto incorporar la coma.

- **Para delimitar (algunas) oraciones subordinadas.** Por lo general, las oraciones subordinadas no se separan de la oración principal con ninguna coma, por mucho que el cuerpo te lo pida (*Te lo regalo porque te quiero*, *Vendré si me lo pides*, *Tus padres trabajan para pagar la hipoteca*). Sin embargo, hay casos en los que es obligatorio poner una coma en medio. En primer lugar, se pone la coma en oraciones condicionales cuando la oración subordinada encabezada por *si* (es decir, la prótasis) se antepone a la oración principal (la apódosis), como en *Si vienes a mi casa, te daré un regalo*. El otro uso principal de la coma con subordinadas tiene que ver con las llamadas oraciones causales y finales de la enunciación. Estas oraciones indican la causa o la finalidad no de lo dicho anteriormente (enunciado), sino del propio hecho de decirlo (enunciación). Por ejemplo, no es lo mismo decir *Está estudiando para aprobar el examen* (donde claramente la finalidad de estudiar es aprobar el examen) que *Está estudiando, para que te enteres* (donde no está estudiando para que tú, querido lector, te enteres). Otro ejemplo sería *Está lloviendo, porque la gente lleva paraguas.* El hecho de que la gente lleve paraguas no es la causa de que esté lloviendo, sino de que yo diga que está lloviendo. Todas estas oraciones se separan de la oración principal con una coma.

¿Cuándo no debo usarla?

- **En sujetos extensos.** Por muy largo que sea el sujeto de una oración, no pongas una coma tras él (*Quien bien te quiere te hará llorar*). (Ver sobre la coma criminal, p. 37).

- **En sujetos múltiples.** No pongas coma entre los dos miembros de un sujeto formado con *tanto... como...* (*Tanto tú como yo iremos al cine*) o compuesto por varios elementos (*María, Hilario y Clara van a la boda*).

- **En las oraciones comparativas.** Olvídate de la coma en casos como *Tengo tanta hambre que me comería un elefante* o *Corro más rápido que un leopardo.* Las oraciones comparativas no llevan coma, salvo las conocidas como *comparativas proporcionales* (*Cuanto más acelero, más calentito me pongo* o *Cuanto menos me esfuerzo, menos consigo*).

✧ **Cuando siga el orden sintáctico natural.** Cómete la coma entre el sujeto y el verbo o entre el verbo y los complementos, especialmente cuando la oración siga el orden sintáctico natural en español (SUJETO + VERBO + COMPLEMENTOS), como ocurre en *Pedro es mi amigo*. Recuerda que la oración simple, si todo está en su sitio, prescinde de las comas.

✧ **En las duplicaciones enfáticas.** Si quieres expresar que algo está más frío que el corazón de tu ex, dirás que está *frío frío*, o incluso que es *muy muy importante* (sin comas) que te cuente esta norma para usar la coma correctamente. Ahora bien, no confundas estas duplicaciones enfáticas con construcciones apositivas como *Me he tomado un café, café que me ha sentado como una patada en el estómago*, con coma.

✧ **Cuando dudes.** Ante la duda, tienes más probabilidades de equivocarte incluyendo la coma que prescindiendo de ella. Consejito de amigo.

¿Cuándo es opcional?

✧ **Con algunos complementos circunstanciales.** Si algún complemento circunstancial de la oración va al principio y tiene cierta extensión, la coma es opcional: *Mañana por la tarde(,) iré*. Fíjate que si hubiese dicho: *Mañana iré*, no se me habría pasado por la cabeza incluir esa coma (aunque no habría sido del todo censurable).

- **Con los marcadores del discurso y complementos con valor introductorio.** *En primer lugar, además, es decir, por un lado, por último, por ejemplo…* Puedes aislar, sin problema, los marcadores discursivos, como se ve en *Primero(,) aviso a mi amiga y(,) después(,) al resto.* Básicamente, porque son elementos ajenos al sentido oracional que se utilizan para conectar las partes del discurso —de ahí su nombre—. Lo mismo ocurre con los complementos que introducen algún tema (*en cuanto a, respecto de, en relación con…*), como pasa en *En ese caso(,) seremos tres.*

- **Con los tópicos.** Un *tópico* es un segmento de la oración (generalmente un complemento del verbo) que se separa de los otros elementos y se coloca delante del todo para remarcarlo. Contiene información conocida de la cual se va a decir algo en el resto de la oración. Ortográficamente, suelen representarse con una coma que los separa de los demás. Sería el caso de *Carne(,) no como* o *De política(,) no se suele hablar en esta casa.*

¿Y delante de y?

- **¿Y por qué no?** Quien diga que una coma no puede ir delante de la conjunción *y* o que la *y* no puede empezar una frase miente como un bellaco. Es cierto que en las enumeraciones no añadimos una coma delante del último elemento. Nos la comemos con mucha alegría y muy acertadamente en casos como *Vi a Mario, a*

Carlos y a Juan, ¿verdad? Ahora bien, cuando el último elemento no forma parte de la enumeración, esa coma es correctísima, como se ve en la última de *Compré una mesa y unas sillas nuevas, y me quedó un salón precioso.*

✧ **La coma de Oxford.** Se llama así a la coma que nos hemos comido tan ricamente en *Vi a Mario, a Carlos y a Juan* en el apartado anterior, porque en inglés es bastante frecuente. Hay quienes defienden su uso en español para evitar ambigüedades como en *Vi a sus amigos, Mario y Carlos* (¿a quién vi? ¿A sus amigos, que se llamaban Mario y Carlos? ¿O vi a sus amigos y también a Mario y Carlos?). Los defensores de la coma de Oxford explican que, al usarla, decimos que el último elemento forma parte de la enumeración, por lo que *Vi a sus amigos, Mario, y Carlos* vendría a decir que vi a sus amigos y a dos personas más, llamadas Mario y Carlos. Sin embargo, esta coma es incorrectísima en la norma del español, por lo que hay que usar otras estrategias para aclarar la frase anterior:

- Si quiero decir que, por un lado, están sus amigos y, por el otro, Mario y Carlos, lo que puedo hacer es reformular la frase: *Vi a sus amigos, así como a Mario y Carlos* o *Vi tanto a sus amigos como a Mario y Carlos*, por ejemplo.

- Si quiero decir que sus amigos son Mario y Carlos, siempre puedo explicarlo de la siguiente forma: *Vi a sus amigos (Mario y Carlos)* o *Vi a sus amigos, es decir, Mario y Carlos*, entre otras opciones.

- **Y, sin embargo, te quiero.** Si crees que no hay nada más bonito que te acepten tal y como eres, ya te aseguro yo que mucho mejor es saber que es igual de correcto escribir tanto *Y, sin embargo, te quiero* como *Y sin embargo te quiero*. Nunca ®*Y sin embargo, te quiero* ni ®*Y, sin embargo te quiero*.

- **Cuando cambia el sujeto.** También puedes añadir esta coma cuando la *y* une dos oraciones y la primera es larga, especialmente cuando el sujeto de la segunda es distinto: *El vecino despertaba a todo el vecindario, y yo ni me movía de la cama.*

- **Cuando introduce un inciso o equivale a *pero*.** Por supuesto, es correcto añadir esta coma delante de *y* cuando introduce alguna información complementaria: *Tiene un asunto, y no menor.* También cuando se usa con el valor de *pero*: *Le dije que girara a la derecha, y no hizo caso.*

Punto y coma

¿Para qué sirve?

Toca hablar del signo ortográfico-mitológico que genera atracción y miedo a partes iguales.

Su función principal es separar oraciones que sintácticamente son independientes (cada una con su sujeto, su verbo, sus complementos), pero que semánticamente están estrechamente relacionadas. Si te has quedado igual que si no hubieses leído esta explicación, déjame que eche mano de un ejemplo.

Es probable que, igual que pasa en mi grupo de amigos, en el tuyo haya dos que están solteros y sin compromiso, que, casualmente, suelen llegar y marcharse juntos, que uno de los dos lleve al día siguiente la ropa del día anterior... Es normal que tengas sospechas más que fundadas de que ahí está pasando algo. Pero, claro, también sabes que cada uno sigue conociendo a otras personas, que se muda a vivir con otras personas... ¡Para esos casos tenemos el punto y coma! Fíjate en *Lo digo para que no te ofendas; no tengo otra intención* y *Mejor márchate; no quiero seguir hablando*, ¿a que son oraciones independientes, pero con un significado aplastantemente estrecho?

Si compartes esta intriga amorosa sobre tus amigos con otra persona es posible que:

- Te aporte nuevos datos y termine de abrirte los ojos, en este caso, buscando una relación todavía más estrecha, como la de un inciso en una oración principal: *Lo digo para que no te ofendas, no tengo otra intención* y *Mejor márchate, no quiero seguir hablando.*

- Te diga que estás viendo visiones, que cada uno hace su vida y que lo único que les une es una sanísima amistad, como dos oraciones independientes unidas por un punto: *Lo digo para que no te ofendas. No tengo otra intención* y *Mejor márchate. No quiero seguir hablando.*

Como ves en este apartado, el punto y coma es, en muchos casos, sustituible por otros signos de puntuación.

Así que no desesperes si no llegas a controlarlo del todo, creo que hasta él mismo duda de cuándo debe ser usado. Por ese motivo, como pasaba con la coma, ante la duda, mejor no usarlo.

Usos frecuentes

- **Enumeraciones complejas.** Después del asunto anterior, ahora es coser y cantar. Cuando los elementos de una enumeración contienen, a su vez, elementos enumerados con coma, lo adecuado es emplear el punto y coma: *Llamé a Víctor, mi amigo; a Pedro, mi compañero, y a María, la presidenta.* Aunque en el último elemento de la enumeración es posible usar punto y coma ante *y*, se recomienda usar coma para marcar claramente que comienza el último elemento. Ahora bien, si te encuentras con que uno, y no más, de los elementos de la enumeración tiene un inciso o aclaración, siempre puedes echar mano de paréntesis o rayas y separar los integrantes con comas. Fíjate: *Llamé a Víctor (mi amigo), a Pedro y a María.*

- **Adversativas con puntuación interna.** ¿Recuerdas que delante de las conjunciones adversativas (*pero, mas, aunque*…) escribíamos coma salvo en un caso? Pues bien, cuando estos períodos incluyen comas, se preferirá el punto y coma: *Estoy cansado; pero, después de trabajar, fregaré los platos.*

Dos puntos

¿Para qué sirven?

Hay algo que te quiero decir: los dos puntos separan dos secuencias que guardan algún tipo de relación. Por ejemplo, causa y efecto (*He comido mucho: no puedo ni respirar*), consecuencia (*Te has quedado sin dinero: no puedes comprarlo*), oposición (*No es mi primo: es mi hermano*)… Como puedes ver, en algunos casos podrías sustituir los dos puntos por otro signo, como la coma.

Los dos puntos también tienen un carácter anunciador, igual que ocurre con el arcángel Gabriel en el relato bíblico: siempre que aparece es para traer un mensaje divino. En nuestro caso, siempre que lo vemos en los textos, sabemos que el mensaje se completará cuando terminemos de leer lo que viene recogido tras los dos puntos: *Alberto me dijo: «¿Has llegado hoy?»*.

Usos frecuentes

✧ **En los saludos de los correos y cartas.** Si prescindir de la coma del vocativo (ver sección COMA) provoca infartos a quienes amamos la ortografía, no colocar estos dos puntos en el saludo de un correo electrónico se convierte en nuestra criptonita. Así, lo adecuado es escribir *Hola, Álex:* y no ⊗*Hola Álex,* o cualquier otra abominación.

Poner la coma en los saludos de cartas o correos electrónicos es propio del inglés y de otras lenguas; por tanto, su uso —cada vez más extendido— no pertenece a nuestro idioma.

- **En las citas textuales.** Si quieres reproducir palabras literales de otros, echa mano de este signo, como en *Pedro dijo: «Yo friego los platos»*.

- **Para introducir ejemplos.** Coloca este signo detrás de algunos conectores introductorios (*a saber*, *dicho de otro modo*, *en otras palabras*...) para enfatizar el mensaje. En este caso, también puedes sustituir este signo por una coma.

- **Separar epígrafes, subtítulos o apartados.** A un lado, el título o el bloque de contenido; al otro, el epígrafe, el subtítulo o el apartado: *Acentuación: Palabras agudas*.

- **En textos legales y administrativos.** Si, además de comprobar que tu casero no se ha equivocado con el precio del alquiler del contrato, te gusta revisar su ortografía, recuerda que es correcto colocar este signo detrás de palabras como *EXPONE*, *CERTIFICA*, *DECLARA*, *ACUERDA*, que habitualmente se escriben con mayúsculas (ver sección MAYÚSCULAS Y MINÚSCULAS).

Otros usos

- **Para las horas.** Si quieres ser tan fiel como tu Casio a la norma internacional para expresar la hora, puedes usar este signo para separar las horas de los minutos (*23:59 h*), además del punto (ver sección PUNTO).

- **En las divisiones.** En matemáticas, puedes separar el dividendo y el divisor con los dos puntos o con una barra, pero siempre con sus espacios: *20 : 5 = 4*.

Errores habituales

- **Situar este signo entre el verbo y algún complemento principal.** Fíjate en ®*Tengo que comprar: un lápiz, un borrador y un bolígrafo*. ¿Tendría sentido *Tengo que comprar*, por un lado, y *un lápiz, un borrador y un bolígrafo*, por otro? Obviamente, no, excepto si se ponen en forma de lista:

  Tengo que comprar:

  - *un lápiz*
  - *un borrador*
  - *un bolígrafo*

Si quieres usar bien los dos puntos, necesitarás una palabra o un grupo sintáctico que presente el contenido (lo que se conoce como *elemento anticipador*), como sucede en *Tengo que comprar esto / tres cosas / lo si-*

guiente / lo que necesitaba: un lápiz, un borrador y un bolígrafo.

✧ **Colocarlo delante de ejemplos con *como*.** Nunca coloques los dos puntos en este tipo de construcciones, son incorrectos (y, además, ni falta que hacen): ⊗*Puedes hacer ejercicios de tortura como: dominadas y sentadillas.*

✧ **Separar la preposición del complemento.** Al hilo del punto anterior, jamás separes una preposición del complemento que introduce: ⊗*Dirigido por: Alfredo Landa.*

✧ **Utilizar el signo dos veces en una misma oración.** Procura que no se repitan dos veces los dos puntos en una misma frase: ⊗*En la lista tengo: lechuga, rábanos y tomates de las variedades: ensalada, rosa y en rama.*

Puntos suspensivos

¿Para qué sirven?

Bueno… Sinceramente… Yo creo que… este signo… sabes usarlo sin problema… ¿O tampoco te queda muy… claro? En fin… tampoco abuses de él… Te lo pido por favor…

Por si las moscas, vamos a dejar las cosas claras antes de meternos con él: este signo de puntuación, al igual que la Santísima Trinidad católica, es uno y trino (ni dos, ni cuatro, ni cinco…). Lo que significa que, aunque gráficamente veas tres puntos, son un único carácter. Fíjate en la diferencia entre tres puntos sueltos (...) y el signo (…).

En la impresión de textos es importante que sea un único carácter, de lo contrario podríamos encontrar en una línea un punto o dos y en la de debajo el segundo con el tercero o únicamente el tercero, lo que sería, además de extrañísimo, incorrectísimo.

Usos frecuentes

- **Usos expresivos.** Utiliza los puntos suspensivos para marcar una pausa que exprese duda, temor o vacilación: *No sé yo si... podrá hacerlo*. También para crear expectación: *Con todos ustedes... ¡el protagonista de nuestra historia!*

- **Información consabida.** Si te cansa tanto como a mí gastar saliva o tinta a lo tonto, este uso te encantará. Ya sabes que *A buen entendedor...* Pues eso, usa los puntos suspensivos cuando todos sabemos cómo acaba el refrán. Si optas por empezar una frase a la mitad, es decir, directamente con puntos suspensivos, recuerda que debes dejar un espacio entre este signo y la primera palabra, que hay que escribir en minúscula: ... *de cuyo nombre no quiero acordarme*.

- **Enumeraciones incompletas.** Como tampoco hace falta poner todo por escrito, emplea los puntos suspensivos para dejar enumeraciones abiertas: *Mi madre dice que soy guapo, listo, divertido…*

- **Para insultar.** Ya sabes que hay cosas que se pueden decir y otras que es mejor dejar a la imaginación; para ello, sustituye la palabra en cuestión por este signo: *Este libro es una auténtica m… ¡maravilla!*

- **Para acortar.** Siempre que encuentres los puntos suspensivos entre corchetes o entre paréntesis (ver sección PARÉNTESIS Y CORCHETES), significa que se ha omitido deliberadamente parte del texto original en medio de una frase: *Aunque no pudo ser […] al final lo logró.* Ten en cuenta que el texto resultante debe tener sentido, no como una frase del tipo: ⊗*Aunque no […] al final lo logró.*

Error habitual

- **Combinarlo con *etcétera*.** Nunca combines *etcétera* o su abreviatura (*etc.*) con los puntos suspensivos, simplemente, porque es redundante… y de horteras: ⊗*Escribo, leo, reviso, etcétera…*

Exclamación e interrogación

¿Para qué sirven?

¡Venga ya! ¿En serio hay que explicar que es un signo doble que siempre debe abrirse y cerrarse? ¡Parece que sí!

Lo que quizá no sepas es que no siempre fue así. ¿Cuántas veces te has percatado casi al final de que una oración era interrogativa o exclamativa? Lo que ocurre es que tus ojos, que cazan erratas al vuelo, no han avistado ese discreto signo que está situado solitario al final. Ante semejante problema, en 1753, el Pleno académico tomó una decisión utilísima: «Por lo tocante a la nota de interrogación se tuvo presente que, además del uso que tiene en fin de oración, hay períodos o cláusulas largas en que no basta la nota que se pone al fin y es necesario desde el principio indicar el sentido y tono interrogante con que debe leerse, por lo que la Academia acuerda que, en estos casos, se use la misma nota interrogante poniéndola tendida sobre la primera voz de la cláusula o período con lo que se evitará la confusión y aclarará el sentido y tono que corresponde». Así, desde la publicación de la *Ortografía* de 1754, se empezaron a colocar los signos de apertura en las frases largas. Pero, claro, con esta decisión quedaba otra duda en el aire: ¿qué es un período largo o corto? Si en otros ámbitos aceptamos que puede ser una cuestión de autoestima, en el ortográfico no encajamos tan fácilmente las medias tintas, por eso la Academia, con la publicación del *Prontuario de ortografía de la lengua castellana en preguntas y respuestas*, en 1870, zanjó el asunto y fijó el criterio que hoy mantenemos: colocar siempre —independientemente de su extensión— los signos de apertura.

¿Puedo repetirlos?

Por supuesto. La ortografía académica indica que los signos de exclamación pueden repetirse hasta tres veces para darle más énfasis: *¡¡¡Cállate!!!* Con los de interrogación, no es frecuente, pero nada impediría formular una pregunta con gran inquietud o sorpresa: *¿¿¿Cómo???*

¡Así está bien? ¿o no!

Aunque pueda parecerte una combinación más extraña que la de llevar chanclas con calcetines, es correcta para preguntar y exclamar a la vez, un recurso sobrevalorado principalmente por las madres y los padres: *¡Qué has hecho?* o *¿Qué has hecho!* Ahora bien, si no te convence, recuerda que siempre puedes combinar dos de apertura y dos de cierre, opción preferida por la Academia: *¡¿Qué has hecho?!* o *¡¿Qué has hecho!?*

> Como curiosidad, te muestro el *interrobang* (‽), que no forma parte del repertorio de signos ortográficos del español y que se utilizó con bastante frecuencia en inglés durante la segunda mitad del siglo pasado. Hoy pervive en algunas máquinas de escribir y en el teclado de los *smartphones* Android si pulsas unos segundos el signo de cierre de interrogación.

¿Cómo se combinan?

Los signos de interrogación y de exclamación pueden contener signos simples, como la coma, los dos puntos, el punto y coma o los puntos suspensivos (*¿Has llegado bien, querido? ¿Vendrán tus amigos: Carlos, Alfredo, María…? ¡Es verdad; no he dicho nada extraño! ¿Y si te vas un poquito a… paseo?*). También signos dobles, como los paréntesis (*¿Han ido todos (hasta Julio)?*) u otras interrogaciones o exclamaciones (*¡Pero ¿por qué?!*).

Errores habituales

- **Separar varias exclamaciones o preguntas.** Cuando coincidan dos exclamaciones o preguntas, nunca coloques un punto: ⊗*¿Estás bien. Llegarás tarde?* En esos casos, puedes considerarlos enunciados independientes (*¿Estás bien? ¿Llegarás tarde?*) o separarlos con otro signo, como la coma (*¿Estás bien?, ¿llegarás tarde?*).

- **Colocar el punto detrás.** Recuerda que el orden de los factores, aquí, altera el producto. Por eso, no coloques ningún punto (ver sección PUNTO) detrás de los signos de cierre de interrogación ni exclamación. Ahora bien, recuerda que cuando estos períodos acaban en una abreviatura, sí hay que añadir el punto antes: *¿Vendrán Carlos, Antonio, etc.?*

- **No pongas coma detrás de *pero*.** Sí, aunque hagamos una ligera pausa después de *pero* y antes de una pregunta, esa coma es incorrecta (ver sección COMA). Así las cosas, siempre puedes optar por cualquiera de estas dos opciones: *Pero ¿qué dices?* o *¿Pero qué dices?*, nunca por ®*Pero, ¿qué dices?*

- **Exclamar con mayúsculas.** La mayúscula tiene unas funciones muy concretas —y las mayúsculas sostenidas todavía más (ver sección MAYÚSCULAS Y MINÚSCULAS)—. Si no quieres ser un ordinario, en textos formales no utilices este recurso para gritar, sino los signos de exclamación. ®CREO QUE HE SIDO CLARO.

- **Acotar mal el período.** No todos los enunciados empiezan por una pregunta, ¿a que no? Recuerda que los vocativos (ver sección COMA) que van al comienzo quedan fuera de este período (*Chema, ¿estás bien?*). También los apéndices confirmativos (*Es cierto, ¿verdad?*), algunos conectores (*Primero, ¿has reservado?*), sintagmas dependientes situados al comienzo (*Para que te quede claro, ¡voy a ir!*) o estructuras introductorias (*Sobre lo que me pediste, ¿has decidido algo?*).

Otros usos

Aunque hasta ahora has leído los usos lingüísticos, los signos de cierre de exclamación también pueden usarse como símbolos.

- **Duda y sorpresa.** Encerrado entre paréntesis, el signo de cierre de interrogación se utiliza para marcar duda —aderezada con ironía—: *Tu madre (?) me llamó ayer.* Por su parte, el de exclamación se usa para marcar sorpresa: *Mi casero (!) me ha bajado el alquiler.*

- **Datos dudosos.** Si has dudado al ver un signo de cierre de interrogación pegado a un dato —una fecha, un nombre…—, eso es que quien lo redactó tampoco tenía muy claro lo que decía. Así, en *1956?-2025* (tan válido como *¿1956?-2025*) y *Olivenza?-Cihuela* (u *¿Olivenza?-Cihuela*) no queda muy claro que fuese ese año ni en ese lugar. Cuando se desconoce el dato, directamente, se coloca el signo de cierre, como en este intervalo: *?-2025* y *?-Cihuela.*

- **Jugadas.** Si eres un amante del ajedrez, sabrás de lo que hablo; si no, ya tienes unos datos curiosos para contárselos a tus amigos el viernes por la noche. Los signos de cierre de interrogación o de exclamación en una jugada codificada son comentarios que indican que la jugada es mala (*?*), buena (*!*), muy mala (*??*), muy buena (*!!*), interesante (*!?*) o dudosa (*?!*): *DxCc6? [dama captura a caballo en la casilla c6, mala jugada].*

Comillas

¿Para qué sirven?

Es probable que si alguien te dice que eres «genial» —así, entrecomillado—, no termines de creerte que destacas por algo. Sobre todo, porque utilizamos este signo para marcar un sentido que la palabra no posee implícitamente, como puede ser la ironía. Las comillas nos resultan tan útiles a los hablantes que incluso las representamos con los dedos en nuestras conversaciones.

Tampoco dudarías en usarlas si tuvieses que explicar que un ladrón «visitó» tu casa para vaciar la caja fuerte. Y cuando le contases a un policía cómo sucedió, el hombre apuntaría tus palabras de manera literal: «Pues resulta, agente, que me dejé las llaves puestas».

En definitiva, si ves algo entrecomillado es porque *le pasa algo*, deseamos enmarcarlo, uso que, a veces, puede alternarse con la cursiva (ver sección CURSIVA):

- ✧ **Palabras y expresiones.** Se usan cuando forman parte de un registro vulgar o coloquial (*Estas «cocretas» están de muerte*), nos referimos a un término concreto (*La palabra «casa» tiene cuatro letras*), tienen un sentido irónico (*Qué sopa tan «deliciosamente rica»*) o se busca un distanciamiento de la connotación con la que se utiliza (*Los del «bando bueno» ganaron la guerra*). Incluso también puede que se trate de los apodos que acompañan al nombre (*Ernesto «Che» Guevara*) o los nombres de botones (*Haz clic en «Acceso para usuarios» y dale a «Continuar»*).

- **Títulos.** Si tienes un título de cualquier sección interna de una obra (capítulo, sección, artículo...), escríbelo entre comillas: *El artículo «Las consecuencias de la gentrificación» que publicaste causó mucha polémica.* Lo mismo ocurre con los nombres de canciones (*Donde esté el «Eres tú» que se quite «Potra salvaje»*) o capítulos de series (*Mi capítulo favorito de* Aquí no hay quien viva *es «Érase un resbalón»*), así como los títulos de ponencias, seminarios y congresos (*La siguiente ponencia es «La importancia de tener conciencia de clase»*). Además, si escribes el nombre de un grupo de WhatsApp o cualquier otra red social, enciérralo con estos signos (*Mi cuñado ha contestado en «Los Gómez»*).

- **Frases.** Utiliza las comillas en las frases para marcar un pensamiento en estilo directo (*Pensé: «Pues estamos listos»*) o que se trata de una cita literal (*«¡Cada día estás mejor!», me dijo*). Ahora bien, ¿qué pasa cuando estas citas son largas?

Citas

Queda claro que las citas son frases y que, por lo tanto, deben escribirse entre comillas. Ahora bien, cuando las citas ocupan una extensión generosa, usar estos signos puede ser incomodísimo, imagínate un par de párrafos seguidos o el contenido de un título completo de la Constitución. En estos casos puedes optar por las citas extensas, es decir, aquellas que prescinden de las comillas y se escriben en un cuerpo menor, sangrado a ambos lados.

Hace mucho tiempo que tenía ganas de escribir cualquier cosa con este título.

Hoy, que se me ha presentado ocasión, lo he puesto con letras grandes en la primera cuartilla de papel, y luego he dejado a capricho volar la pluma.

Yo creo que he visto unos ojos como los que he pintado en esta leyenda. No sé si en sueños, pero yo los he visto.

Ahora bien, si te empeñas en utilizar comillas, no te quedará más remedio que usar las comillas de seguir, un recurso que consiste en iniciar con comillas de apertura el párrafo de inicio y situar las de cierre tanto al final del último párrafo como al comienzo de cada uno de los que la conforman (salvo el primero). Como ya lleva comillas, esta cita no la tienes que escribir en cuerpo menor ni sangrado:

«Hace mucho tiempo que tenía ganas de escribir cualquier cosa con este título.

»Hoy, que se me ha presentado ocasión, lo he puesto con letras grandes en la primera cuartilla de papel, y luego he dejado a capricho volar la pluma.

»Yo creo que he visto unos ojos como los que he pintado en esta leyenda. No sé si en sueños, pero yo los he visto».

También es probable que hayas visto estas comillas en otros contextos, como los diálogos (ver sección RAYA).

¿Qué comillas hay y qué orden siguen?

En español distinguimos tres tipos de comillas:

- En primer lugar, las españolas, también llamadas angulares o latinas… (« »).
- En segundo lugar, las inglesas, dobles o altas (“ ”).
- En tercer lugar, las simples (‘ ’).

En textos en español se prefieren, en primer lugar, las comillas españolas, aunque no es incorrecto utilizar las inglesas, que son más frecuentes. Si alguna vez te has preguntado por qué se utilizan más, que sepas que se debe al teclado QWERTY, el más usado en el mundo y cuyo diseño original toma como lengua el inglés (que utiliza estas comillas preferentemente). De ahí que sea más accesible (en la tecla del número 2) insertar el segundo tipo de comillas que el primero.

Ahora bien, si quieres usar este signo como un auténtico experto del español, te explico cuál debe ser la jerarquía:

- Usa las comillas latinas en primer lugar: *«Me encantó la sección», dijo.*
- Utiliza las comillas inglesas para aislar un período dentro de un texto entrecomillado: *«Me encantó la sección “Los orígenes”», dijo.*

✧ Echa mano de las comillas simples si tienes que destacar alguna parte dentro de un texto entrecomillado que, a su vez, también está escrito entre comillas: *«Me encantó la sección "Los motivos sociales de la 'inquiokupación'"», dijo.*

Por último, las comillas simples también pueden utilizarse de forma independiente, sobre todo en el ámbito lingüístico, para enmarcar significados (*El libro define «afecto» como 'inclinado a alguien o algo'*), y en el periodístico, para sustituir a la cursiva (*Qué 'heavy' me parece*).

¿Dónde coloco el punto?

Según la norma académica, lo adecuado es situar el punto detrás de la comilla de cierre en todos los casos, prescindiendo del que forme parte de la cita, siempre que coincida con el signo final: *«Necesito unas vacaciones»*. Sin embargo, es probable que hayas visto que en ocasiones se coloca dentro o, incluso, se prescinde de él, según si tiene sentido completo y es independiente de la oración o el párrafo. Este uso es habitual en otras lenguas, como el francés, y ha sido un criterio que muchos ortotipógrafos, como José Martínez de Sousa, consideran más lógico.

A efectos prácticos y académicos, si no sueles recordar dónde colocar el punto, sigue la máxima del ogro verde por antonomasia, Shrek: «Mejor fuera que dentro».

Usos incorrectos

Como ves, este signo es una excepción, al igual que sucede con la inmensa mayoría de los recursos tipológicos (tildes, mayúsculas, cursiva…). Por lo tanto, ante la duda, no incorpores las comillas.

Ten en cuenta que si una palabra no está en el *Diccionario* (ver bloque LÉXICO) no necesita resaltarse (*En esta casa somos muy de sobremesear*), como tampoco los refranes o dichos que utilizas en el texto con su significado (*Yo soy más de ojo por ojo y diente por diente*). Tampoco cuando te encuentres con un nombre propio, pues con la mayúscula es suficiente.

Raya

¿Para qué sirve?

Sin duda, la raya (—) es el signo eternamente confundido con el guion (-) y el menos (–), cuyos usos son bien distintos.

Usos frecuentes

- **Para marcar incisos.** Si leíste el apartado dedicado a la coma (ver sección COMA), estoy seguro de que comprendiste a la perfección lo que es un inciso. Ahora bien, ¿cuándo usamos la raya para aislar esta información? Principalmente cuando el inciso guarda una menor relación de significado respecto a la oración principal que las comas, pero mayor que los paréntesis. En este caso, actúa como signo doble, es decir, igual que los paréntesis (ver sección PARÉNTESIS Y CORCHETES). Por lo tanto, deben usarse dos rayas —una de apertura y otra de cierre—, independientemente de lugar que ocupe en la oración: *Mi amigo Sergio —de quien mejor te hablo en otro momento— tampoco me felicitó. Pero a mí me da igual —te lo digo en serio—.*

✧ **En los diálogos.** Vale, si necesitas tomar aire antes de meternos en harina, hazlo ahora; pero te aseguro, de verdad de la buena, que voy a intentar explicártelo de la forma más sencilla posible.

Diálogos

La raya se utiliza en los textos literarios para introducir, por un lado, intervenciones o parlamentos y, por otro, aislar los comentarios del narrador dentro de ellas.

Si el personaje dice algo y el narrador no apunta nada, comienza con la raya de apertura y termina con punto o con el signo que corresponda:

> *—Hola, don Pepito.*
> *—¡Hola, don José!*

Ahora bien, si se añade un comentario del narrador con verbo de habla (llamados también declarativos o *dicendi*), la intervención del personaje llevará raya delante y no se cerrará con punto, aunque sí con otros elementos que deban aparecer al final del enunciado, como interrogaciones o exclamaciones:

—¿Pasó usted ya por casa? —preguntó don Pepito.
—Por su casa yo pasé —le contestó don José.

Como ves, al contrario que los incisos, aquí el comentario del narrador no lleva raya al final.

Sí se pone raya al final, en cambio, cuando después del comentario sigue la intervención:

—¿Vio usted a mi abuela? —preguntó don Pepito—. Porque esta mañana no estaba en su casa.

E incluso puede no aparecer ningún signo si el inciso interrumpe el discurso como ocurre en:

—A su abuela —respondió don José— yo la vi.

Si el comentario tiene a su vez un verbo de habla que presenta lo siguiente, se seguirá con dos puntos:

—Sí —dijo don José, y añadió—: A su abuela yo la vi.

Ahora bien, si el comentario no tiene un verbo declarativo —o uno que se entienda que toma como complemento lo anterior—, el enunciado se cerrará con punto (o el signo de cierre que corresponda), el comentario empezará con mayúscula y, si se sigue después, habrá que poner punto (o dos puntos si hay un verbo introductor):

—No me diga, don Pepito. —La mirada de don José se volvió turbia—. Nunca sale de casa sin avisarme.

—¡Qué extraño! —El bueno de don Pepito se quedó inmóvil durante unos segundos y le dijo—: ¿Está usted seguro de que no habló con ella?

Por último, cuando un personaje interviene en dos o más párrafos seguidos, lo adecuado es marcar la segunda intervención (o tantas como haya) con las comillas de seguir (ver sección COMILLAS), que no se cerrarán:

—Seguramente esté bien. No se preocupe usted tanto, don José, que el nieto soy yo. Cambiemos de tema.

»Ayer por la tarde no lo encontré ni en la esquina ni en el café. ¿Estuvo usted enfermo?

> En los textos de teatro no verás comillas de seguir, aunque en el parlamento del personaje haya pausas que se marquen con un punto y aparte. Se procede así porque estos textos, como los de poesía, tienen sus peculiaridades.

Otros usos

- **En listas.** Uno de los signos que se pueden utilizar para crear una enumeración son las rayas (ver sección RAYA):

Compra:

— *lentejas*
— *zanahorias*
— *cebollas*

✧ **Para suplir texto.** Si te encuentras este signo en un índice o un diccionario, por ejemplo, es que sustituye a una palabra, independientemente de que esté en la misma línea o en otra:

Acentuación de las palabras: 100-102

— *agudas: 100*
— *llanas: 101*
— *esdrújulas: 102*
— *sobresdrújulas: 102*

El mismo uso se le da en determinados sistemas bibliográficos para no repetir el nombre del autor en dos o más referencias consecutivas:

García Márquez, *Cien años de soledad.*
—, *Crónica de una muerte anunciada.*

Por cierto, nunca uses las comillas para estos casos, como hicieron algunos de tus profesores. Es un calco del inglés.

Paréntesis y corchetes

¿Para qué sirven?

Si alguna vez has estado entre la espada y la pared, los textos encerrados entre estos signos dobles también conocen ese agobio. La función de los paréntesis y de los corchetes es encerrar contenido accesorio o aclaratorio de la oración principal, aunque cada uno con sus matices.

Usos frecuentes

- **Paréntesis.** Encierra explicaciones aclaratorias (*Esta casa (recuerda que fue construida antes de la guerra) todavía no ha sido reformada*), las fechas (*Rosa Parks (1913-2005) fue una activista afroamericana que luchó por los derechos civiles*), las siglas previamente desarrolladas (*La Organización Mundial de la Salud (OMS) ha publicado un nuevo informe sobre el envejecimiento activo*) o las referencias (*Tal y como expliqué antes (sección X), el español es una lengua romance*). Además, puedes usar los paréntesis para marcar la alternancia o la opcionalidad: *La(s) niña(s).*

- **Corchetes.** Si estos signos ([ ]) te recuerdan a las grapas, es normal, también se llaman así. Entre sus diversas funciones, una es parecida a la de los paréntesis, de ahí que sirva para encerrar información dentro de otra que está contenida entre paréntesis (*Esta obra (la* *primera edición es del siglo pasado [1956]) sigue siendo de rabiosa actualidad*). Ahora bien, los corchetes también sirven para indicar que el texto original ha sido modificado. Si recuerdas, el signo de puntos suspensivos aislado entre corchetes ([...]) significaba que se había suprimido una parte del texto (ver sección PARÉNTESIS Y CORCHETES). Sin embargo, si encuentras una palabra entre corchetes, significa que en la versión original no aparecía y que se trata de una incorporación por parte del editor, autor...: *Entonces, [el alcalde] dijo a los vecinos que haría todo lo posible [por arreglar la calle].*

Otros usos

- **Acotaciones.** En obras de teatro, los comentarios del autor sobre la puesta en escena se escriben entre paréntesis: *Angustias.— (Seca.) No.*

- **Listas.** Recuerda que puedes encerrar letras y números entre paréntesis para cada elemento de una lista numerada (ver sección LISTAS Y ENUMERACIONES): *a), (a), 1), (1)...*

- **Poesía.** En poesía, un corchete de apertura ([) al comienzo de un verso significa que no cabía en la línea y se ha pasado a la posterior: *[mañana.*

- **Expresiones matemáticas.** No creo que debamos viajar en el tiempo para recordarte que las operaciones matemáticas que se aíslan entre paréntesis deben hacerse antes que otras: $7 \times 4 \div (20 + 4) = X$. Y que añadimos corchetes, por fuera de los paréntesis, para encerrar otras operaciones que ya están entre paréntesis: $[(4 + 2) \times (9 + 3)] + (6 \times 5)$.

MAYÚSCULAS Y MINÚSCULAS

Como bien sabes, en español distinguimos entre letras MAYÚSCULAS y minúsculas —además de VERSALITAS (ver sección VERSALITA)—, las cuales se diferencian tanto por el tamaño (*p*, *P*) como, en ocasiones, por el trazo (*a*, *A*). Por cierto, si recuerdas, nuestro alfabeto se lo debemos a los romanos, quienes utilizaban en exclusiva este tipo de letras. Las minúsculas son posteriores, no aparecieron hasta el siglo II d. C.

En español, hemos generalizado el uso de la minúscula, es decir, es el tipo de letra que utilizamos de forma habitual en los textos, y reservamos la mayúscula para usos muy concretos, como los que veremos a continuación. Ahora bien, antes de meternos a fondo, vamos a hacer algunas puntualizaciones sobre este tema:

- ✧ **Las mayúsculas se acentúan.** Sí, la Academia nunca ha dicho que las mayúsculas no debiesen acentuarse; sin embargo, es posible que hayas visto muchas palabras en mayúsculas sin los acentos correspondientes. ¿Por qué? Básicamente por razones técnicas:

muchos juegos de caracteres no contaban con mayúsculas acentuadas y no había espacio para colocar la tilde o, en caso de querer meterla, obligaba a los componedores a usar un cuerpo más pequeño para esa letra, lo que dejaba una palabra con un diseño más raro que un santo con dos pistolas: *CAMIóN*. Por supuesto, en los textos escritos a mano podía añadirse sin problema. Además, con los medios de hoy, nadie tiene ninguna excusa para no añadir las tildes. El tema de la tilde y las siglas (ver sección SIGLAS) es un caso aparte.

- **Mayúscula sostenida.** Vale, te he contado que lo normal es que escribamos las palabras con minúsculas. Pero ten en cuenta que hay textos en los que quieres identificar a golpe de vista lo que ponen: las cubiertas de los libros, los títulos de las secciones, los nombres de personas que figuran en los contratos, las placas de los monumentos, los carteles… ¿Acaso no leemos mejor estas palabras en mayúsculas que en minúsculas?

- **No uses la mayúscula para darte importancia.** No son pocas las personas que consideran que la *Humanidad* es mucho más solemne que la *humanidad*, que el *Doctor* sabe más que el *doctor*, que la *Literatura* pudiera ser mejor que la *literatura*, que la *Historia* es mucho más seria que la *historia* o que el *Amor* se siente más que el *amor*. ¿A que sí? Pues olvídate de este uso.

  Según la *Ortografía*, «la mayúscula está revestida de cierto valor sacralizador y dignificador, probablemente derivado del uso monumental, solemne y santuario de sus orígenes»; sin embargo, este uso enfático es totalmente subjetivo y no está justificado desde el punto de vista lingüístico. Por eso, si no quieres ser hortera, evítalo por completo.

- **Ante la duda, minúscula.** Es posible que haya casos donde bien no tengas claro si debes usar la mayúscula o la minúscula, bien sea igual de válido usar ambas. Ante la duda, y teniendo en cuenta que la mayúscula es una excepción, tira siempre por la minúscula, tendrás muchas menos probabilidades de equivocarte. Además, te recuerdo que en nuestro idioma contamos con alguna que otra expresión enfática donde se menciona a la mayúscula (*¡Eso es un error con mayúsculas!*), por ello, ten en cuenta que la palabra a la que te refieras se escribirá con minúscula.

Ahora sí, ha llegado el momento de convertir los problemas mayúsculos —o de mayúsculas— en asuntos minúsculos.

Mayúsculas y puntuación

- **Comienza con mayúscula.** Como no te extrañará, la primera frase de un escrito se inicia con mayúscula inicial. Además, si en vez de empezar por una letra lo haces con un dígrafo (*ch*, *gu*, *ll* y *qu*) recuerda que solamente se escribirá en mayúscula el primer grafema: *Quevedo*, *Chapulín*…

Si alguna vez te has preguntado por qué escribimos con mayúscula inicial, déjame que te hable de las letras capitulares. Piensa que, en los primeros manuscritos, el texto era muy uniforme: las letras se escribían con el mismo tamaño y no se usaban espacios entre las palabras. Para aumentar la legibilidad, se empezó a poner en los márgenes una letra que indicaba con cuál empezaba cada parte importante del texto. Estas letras fueron haciéndose más grandes hasta convertirse en las letras capitulares que se ven en textos antiguos como los códices: esas iniciales grandes con las que comienza un capítulo o una sección. Aunque hoy se utilizan como elemento decorativo, en sus orígenes servían para marcar el inicio de una nueva parte del texto. Por eso hoy en día utilizamos las mayúsculas para empezar una frase o párrafo.

- **Mayúscula y punto.** Después del punto, empezamos un texto con mayúscula, como puedes ver en todo el libro. La excepción la encontraríamos en el punto de las abreviaturas, ese que, en ocasiones, no puntúa (ver sección PUNTO): *Nos vemos a las 3 p. m. en el restaurante.*

- **Minúscula después de los números.** Si una oración empieza con una cifra, sigue escribiendo con minúscula: *200 personas acudieron al congreso.*

- **¿Pregunto? ¡Exclamo! Y mayúscula.** No te olvides de empezar con mayúscula después de los signos de cierre de interrogación y de exclamación (*¿Cómo?*

No te entiendo), a no ser que tengas otro signo de puntuación (*¡Sí!, dígame*).

✧ **Mayúscula... o minúscula... Depende.** Escribe minúscula detrás de los puntos suspensivos si este signo provoca una interrupción dentro del enunciado (*Eres... mi amigo*). Sin embargo, si el enunciado es otro nuevo, lo adecuado es comenzar con mayúscula (*Estoy raro, contento, triste... No sé*). Recuerda que, si un enunciado empieza con puntos suspensivos, debes escribir la primera palabra en minúscula (ver sección PUNTOS SUSPENSIVOS).

✧ **Dos puntos: ¿mayúscula o minúscula?** Aunque de forma general escribimos con minúscula detrás de este signo de puntuación, hay algunas excepciones que debes tener en cuenta. Se escribe mayúscula en los siguientes casos:

- Los saludos de los correos electrónicos y cartas: *Hola, Álex: Te escribo para pedirte una cita.*

- Las citas o reproducción de palabras textuales: *Raphael dijo: «Yo soy aquel».*

- Los ejemplos que se muestran a lo largo de esta lista.

- Los epígrafes o subtítulos que introducen una explicación: *Las creencias griegas: Los griegos tenían creencias politeístas...*

- Palabras como *advertencia*, *nota* o *posdata* y verbos como *certificar, solicitar, exponer, acordar* o *fallar* y sus gerundios cuando preceden a las razones que se muestran en párrafos aparte.

- Los elementos que componen una lista (ver sección LISTAS Y ENUMERACIONES).

Mayúsculas y nombres propios

Queda claro que *rosa* no significa lo mismo que *Rosa*, que el primero es un nombre común con el que designamos, entre otras cosas, una flor y el segundo, un nombre propio. Todos los nombres propios comienzan con mayúscula, independientemente de si están compuestos por una sola palabra (*María*) o por varias (*Calzadilla de los Barros*), de si están en español (*Carmen*) o en otra lengua (*Bill Gates*), forma que respetamos y que no traducimos por *Guille Puertas*. Sin embargo, puede que te surjan algunas dudas con las mayúsculas y los nombres propios de:

Personas, dioses y animales

✧ **Alternativos.** Los diminutivos (*Carlitos*), los hipocorísticos (*Quique*), los apodos (*el Majo*), los sobrenombres (*Jack el Destripador*) o los de personajes (*Paloma Cuesta*) se escriben con mayúscula inicial.

- **Apellidos.** Al igual que los nombres, se mantienen con mayúscula (*María Tarriño*). Si se trata de un apellido compuesto, la preposición, si lleva, debe escribirse con minúscula (*Pedro de la Rosa*), salvo cuando se prescinda del nombre propio (*Señor De la Rosa*). En los casos en los que la preposición *de* se utilice para indicar pertenencia, la mantendremos en minúscula (*Señora de Rodríguez*). ¿Y qué debes hacer si aparece un primer *de* con valor de pertenencia y un segundo *de* que forma parte del apellido? Muy fácil, escribir el primero con minúscula y el segundo con mayúscula (*Señor de De la Rosa*).

- **Tratamientos.** Las fórmulas de tratamiento (*usted, señor, doctor, excelencia, santo…*) se escriben en minúscula cuando van desarrolladas, independientemente de que acompañen al nombre propio (*Eso dijo santo Tomás de Aquino*) o no (*La señora llegó antes de lo esperado*). Pero sus abreviaturas se escriben con mayúscula (ver sección ABREVIATURAS).

- **Títulos, cargos y profesiones.** Términos como *rey, papa, presidente, ministra…* son tan comunes como *fontanero, jardinero, maestra* y *portera*, palabras que no dudamos escribir correctísimamente con minúscula. Evita el error de redactarlas con mayúscula inicial y ofrecerles un falso prestigio que no les corresponde.

- **Dioses, divinidades y seres mitológicos.** Los nombres propios de dioses se escriben con mayúscula inicial (*Jehová, Zeus, Quetzalcóatl*…). La palabra *dios* se escribe con minúscula cuando se utiliza con un valor genérico (*Este chico es un dios del Olimpo*) y con mayúscula cuando funciona como nombre propio (*Entonces Dios prometió que liberaría a su pueblo de las manos del faraón*). Los apelativos y las advocaciones también se escriben con mayúscula inicial, pero, recuerda, nunca el artículo que los acompañe (*la Purísima, el Creador, el Buda de la Luz Ilimitada*…).

✧ **Gentilicios.** Escribe en minúscula los gentilicios, nombres de pueblos y de etnias (*aztecas, romanos, filipinos*).

✧ **Animales y plantas.** Los nombres propios de animales también se escriben con mayúscula inicial y sin cursiva ni comillas (*Kata fue la primera perra de mi hermana*). Ahora bien, los nombres de razas se escriben con minúscula (*dálmata*) —salvo que contengan un nombre propio (*gato de Angora*)—, y los nombres científicos de género y especie, en cursiva y con mayúscula inicial el primero (*Canis lupus familiaris*).

✧ **Objetos singularizados.** Escribe con mayúscula inicial los nombres propios de aquellas cosas a las que se les haya puesto uno: *Titanic, Curiosity, Big Ben*…

Igual has oído hablar de las **mayúsculas de relevancia**. Se trata de una justificación del uso de mayúsculas por motivos de tradición, para dar un valor sacro o un valor social: *Sacramento, Patria, Bandera, Papa, Presidente*... Supongo que habrás visto que en algunos periódicos aparecen así, pero eso es porque su libro de estilo lo considera pertinente. Sin embargo, que no te tienten: no son correctas.

Lugares y espacios

- **Continentes, países y ciudades.** Se escriben con mayúscula inicial los nombres de continentes (*América*), países (*Argentina*), ciudades (*Toledo*), pueblos (*Garrovillas de Alconétar*)... así como sus nombres alternativos (*Nuevo Mundo, la Santa Sede, la Llave del Golfo*) o las menciones abreviadas (*De Efe, Barna, Marpla*). La misma norma también se aplica a los nombres de lugares ficticios (*el País de Nunca Jamás, Macondo, Comala*).

- **Áreas geopolíticas.** Utiliza la mayúscula inicial en los nombres que se refieran a determinadas zonas geográficas (*Occidente, América Latina, Hispanoamérica, Oriente Medio*), no así a expresiones genéricas que tengan un valor colectivo (*primer mundo, países desarrollados, zona euro*).

✧ **Accidentes geográficos.** Los nombres de accidentes geográficos suelen estar compuestos por un sustantivo común genérico (*océano, mar, sierra…*), que indica el tipo de accidente, y otro propio (*San Andrés, Galápagos, Iguazú…*). El primero debe ir en minúscula cuando se corresponde con el accidente. En el caso de *océano Atlántico, el río Jarama* o *el desierto de Atacama*, van en minúscula los genéricos por corresponderse con el nombre del accidente. Ahora bien, cuando este nombre está formado por un sustantivo genérico y un adjetivo que deriva del nombre (*islas británicas, meseta castellana* o *península ibérica*), lo adecuado es escribir ambas palabras en minúscula.

Pero ¿qué pasa cuando hablamos, directamente, del *Estrecho* o de la *Península*? En este caso, se produce lo que en lengua se llama una *antonomasia*, es decir, el uso de un nombre común por parte de un grupo de hablantes —escrito con mayúscula inicial— que sustituye a un nombre propio. ¿A que cuando hablamos de la *Península*, sin más contexto, no pensamos en la de Italia? ¿O cuando nos mencionan la *Guerra Civil* no traemos a nuestra mente la de Angola? En estos casos, puedes utilizar la mayúscula inicial, pero piensa que si tu texto cruza las fronteras es muy posible que quienes lo lean pierdan la referencia. ¡Ojo! ¡No todas las antonomasias se escriben con mayúscula inicial! Si te paras a pensar, te darás cuenta de que en nuestras conversaciones utilizamos decenas de antonomasias que, al referirse a nombres comunes, escribimos con minúsculas: *beber* (por *beber alcohol*), *gases* (por los que se producen en el apartado digestivo), *fumar* (por *fumar tabaco*), *quimioterapia* (por la aplicada para el tratamiento del cáncer)...

- **Regiones y comarcas.** Por supuesto, los nombres de las regiones naturales y ecorregiones se escriben con mayúscula inicial (*la Patagonia* o *la Amazonia*), así como las regiones militares (*Cuarta Región Aérea* o *Región Militar Sur*). En el caso de las comarcas, es decir, los territorios que se identifican por determinadas características físicas o culturales, también se sigue esta norma (*la Mancha, las Alpujarras, la Alcarria*), aunque el artículo se escribe en minúscula.

- **Divisiones territoriales.** Los nombres genéricos deben escribirse con minúscula (*ciudad, departamento, pedanía, provincia*...), como en *concejo de Mieres*, salvo que formen parte del nombre propio, como en *Comunidad de Madrid* o en *Ciudad Autónoma de Melilla.*

- **Calles.** Las palabras *calle, paseo, avenida, plaza*... son nombres comunes. Por eso deben escribirse en minúscula, acompañando al nombre propio (*paseo del Prado, calle de la Libertad, avenida de los Poblados*). Sin embargo, se escribirá con mayúscula inicial cuando estos nombres genéricos se coloquen detrás del nombre propio (*Quinta Avenida*). También debes escribir con mayúscula inicial los nombres de caminos y rutas turísticas, como el *Camino de Santiago* o la *Ruta de la Seda.* Como curiosidad, la *Ruta del Bakalao* podría escribirse con mayúscula al considerarse el nombre propio de un recorrido determinado por ciertas discotecas de

Valencia o, también, con minúsculas, si se utiliza como una expresión descriptiva.

- **Edificios y estancias.** En este caso, también debes usar la mayúscula inicial en los nombres de aquellos edificios que son sedes de instituciones o tienen carácter monumental (*el Partenón*, *la Casa Blanca*, *los Reales Alcázares*) o sus nombres alternativos (*el Pirulí* o *la Bombonera*). Cuando el nombre común que acompaña al nombre propio se corresponde con la naturaleza del edificio, es posible escribirlo con minúscula (la *Torre Inclinada de Pisa* es una torre, está inclinada y se encuentra en Pisa, por eso podrían escribirse con minúscula los dos primeros términos: *torre inclinada de Pisa*. Lo mismo ocurre con la *Torre Eiffel*, al ser una torre, esta palabra puede pasar a minúscula: *torre Eiffel*). En el caso de las estancias, palabras como *baño*, *cocina*, *biblioteca* o *dormitorio* son comunes y, por lo tanto, van en minúscula. Sin embargo, seguramente hayas visto en algún edificio que algunos espacios tienen sus propios nombres, como el *Salón de los Pasos Perdidos*, en La Habana, o la *Galería de los Espejos*, en el Palacio de Versalles. En estos casos, la mayúscula inicial es correcta.

Entidades, organismos y premios

- **Entidades.** Los nombres de empresas, asociaciones, instituciones, equipos deportivos... son nombres propios. Por lo tanto, lo adecuado es escribirlos con mayúscula inicial (*Real Academia Española, Grupo Planeta, Real Academia de las Bellas Artes de San Fernando*) y también sus antonomasias, menciones abreviadas (*la Academia, Planeta, el Prado*) o denominaciones alternativas (*Cámara Baja, la Benemérita, la Roja*).

✧ **Establecimientos.** Escribe con mayúscula inicial todas sus palabras significativas (*El Corte Inglés, Casa del Libro, Mercadona*). Si en el nombre del establecimiento aparece un nombre genérico (*café, restaurante, teatro...*) puedes escribirlo con mayúscula o con minúscula (*Hotel Ritz* u *hotel Ritz*).

✧ **Departamentos.** En el caso de los departamentos, esta palabra se escribirá con mayúscula si forma parte del nombre propio (*Departamento de Comunicación*), no así si se emplea como nombre común (*departamento de Comunicación*), e incluso íntegramente en minúscula si no se trata del nombre oficial (*departamento de comunicación*).

✧ **Entidades y organismos oficiales.** Algunos nombres comunes se escriben con mayúscula cuando se refieren a entidades u organismos de carácter institucional. Por ejemplo, *Estado* se escribe con mayúscula cuando se refiere al conjunto de los órganos de un gobierno de un país soberano, a la unidad política que constituye un país o a su territorio (*España es un Estado aconfesional y tiene un jefe de Estado, como otros Estados miembros de la Unión Europea*), no así con el resto de las acepciones (*En el debate sobre el estado de* *la nación, el estado de ánimo era cambiante. Nadie había estado en esa situación desde la anterior legislatura*). Lo mismo ocurre con otras palabras, como *Administración* (como en *Es fundamental que la Administración lleve una buena administración*), *Gobierno* (como en *El Gobierno español mostró las diferencias entre el buen gobierno y el desgobierno*), *Iglesia* (como en *La Iglesia anglicana tiene una iglesia en mi barrio*), *Universidad* (como en *No hay mejor universidad que la Universidad Autónoma de Barcelona*), *Ejército* (como en *El Ejército español está en la reserva. El coronel ordenó al ejército que esperara órdenes*) o *Policía* (como en *En la Policía han pedido a un policía que vigile la zona*).

- **Formas de Estado y gobierno.** Puesto que *reino, monarquía, dictadura* son nombres comunes, lo adecuado es escribirlas con minúscula, salvo cuando forman parte del nombre oficial (*Reino de España, República Argentina, Principado de Asturias*) o se utilizan para designar períodos concretos de la historia que se caracterizan por estas formas de gobierno, como es el caso de la *Dictadura* o el *Imperio*.

- **Poderes del Estado.** Los tres poderes del Estado (*ejecutivo, legislativo* y *judicial*) se escriben con minúscula de modo genérico. La mayúscula es adecuada al referirse específicamente a los órganos del Estado que tienen estas competencias (*El Poder Judicial publicó la sentencia*) o cuando forman parte del nombre propio del organismo o la institución (*Consejo General del Poder Judicial*). También es correcto usar *Ejecutivo* con mayúsculas para referirse al Gobierno de la nación (*El Ejecutivo de Sánchez aborda un nuevo reto*).

- **Eventos y proyectos.** Las palabras significativas que forman parte de los nombres de congresos, ferias, torneos, planes, programas, proyectos… se escriben con mayúscula inicial (*Plan de Fomento de la Lectura*, *Festival de Cine de La Habana*, *Sexto Congreso Internacional de Correctores de Textos en Español*).

- **Premios.** Escribe con mayúscula las palabras relevantes que formen parte de los nombres oficiales de los premios y certámenes (*Premio Cervantes*, *Premio Planeta*, *Premios Goya*), con minúscula el de los galardonados (*Acudió el nobel de literatura*) y el de las figuras o estatuillas (*dos óscares*, *tres goyas al mejor director*).

Títulos

- **Obras de creación (libros, series, películas, cuadros, programas, esculturas…).** Escríbelos con mayúscula inicial en el primer término y en los nombres propios (*Cien años de soledad*, *Somos lengua*, *La voz*), además de en cursiva (ver sección CURSIVA). Si el título no está en español, puedes respetar las mayúsculas originales (*West Side Story*) u optar por la norma castellana (*West side story*). Además, esta norma también se aplica a las menciones abreviadas de los títulos (el *Quijote* por *El ingenioso Hidalgo don Quijote de la Mancha*). Las secciones y capítulos de estas obras siguen las mismas reglas de mayúsculas y minúsculas, pero cambian la cursiva por comillas (ver sección COMILLAS).

- **Publicaciones periódicas (boletines, periódicos, revistas...).** Estos nombres se escriben con mayúscula inicial en todos los términos relevantes (*El País, Archiletras, Saber Vivir*) y en cursiva (ver sección CURSIVA). Por su parte, las colecciones dentro de las editoriales, al igual que los sellos, se escriben con mayúscula y sin resalte (*Imago Mundi, El Pequeño Libro, Tinta Roja*).

- **Exposiciones y discursos.** La primera palabra de los títulos de ponencias, discursos o conferencias y exposiciones debe escribirse con mayúscula inicial (*«Alibabá y los cuarenta extranjerismos» es la ponencia que tengo preparada para el ENETI*) y entre comillas (ver sección COMILLAS). Lo mismo sucede con los eslóganes o lemas que figuran dentro de un texto (*En la pancarta se leía: «El patriarcado me produce patriarcadas»*).

- **Textos sagrados.** Escribe con mayúscula inicial todos los términos relevantes que componen el nombre, pero no los artículos (*la Biblia, el Cantar de los Cantares, el Corán, el Nuevo Testamento*). Recuerda que debes escribir *biblia* en minúscula para referirte a una obra que recoge todos los conocimientos de una materia.

- **Códigos y reglamentos.** Si tienes que infringir alguna norma, que no sea la de escribir los nombres de códigos y reglamentos. Recuerda que debes redactarlos con mayúscula inicial en los términos relevantes (*Código de Circulación*, *Código Civil*, *Código Penal*, *Reglamento de Régimen Interno*).

- **Leyes.** Al escribir el nombre de decretos, fueros, leyes y otros documentos legales, puedes hacerlo con mayúscula inicial en todos los términos relevantes (*Tratado de Versalles*) si son breves u optar por la cursiva o las comillas cuando son largos (*Ley 17/2005, de 19 de julio, por la que se regula el permiso y la licencia de conducción por puntos y se modifica el texto articulado de la ley sobre tráfico, circulación de vehículos de motor y seguridad vial*). Si tienes un nombre no oficial de la ley o la forma abreviada por la que comúnmente se la conoce, escríbela en minúscula en todos sus términos (*ley de amnistía*).

Disciplinas, asignaturas y denominaciones científicas

- **Disciplinas.** Ten a mano un buen puñado de minúsculas para escribir los nombres de las distintas disciplinas (*la física*, *las matemáticas*, *la lingüística*) o las áreas de especialización (*derecho penal internacional*, *sintaxis generativista*, *medicina nuclear*).

- **Principios científicos.** La *ley de la gravedad* es tan evidente como que todos los nombres de leyes, teorías y principios científicos son comunes y, por lo tanto, se escriben en minúscula, salvo los nombres propios que contengan (*principio de Arquímedes*).

- **Asignaturas y ciclos educativos.** Sin embargo, utiliza la mayúscula inicial para los nombres propios de las asignaturas (*Lengua y Literatura Castellanas*) o, si es excesivamente largo o genera una ambigüedad, recurre a las comillas (ver sección COMILLAS) y escríbela entre comillas y con mayúscula la inicial de la primera palabra y en los nombres propios (*«Análisis de los medios socioeconómicos de la población española de posguerra desde el punto de vista del bando ganador»*). Ahora bien, palabras como *bachillerato*, *educación infantil* o *doctorado* son nombres comunes que debes escribir en minúscula. Pero observa que se admite la mayúscula en el caso de que sean los nombres oficiales legalmente establecidos para los ciclos (*Educación Secundaria Obligatoria*, *Educación General Básica*).

- **Corrientes y escuelas.** Como nombres comunes, los nombres que se utilizan para referirse a las distintas corrientes de pensamiento de las disciplinas se escriben con minúscula (*positivismo*, *generativismo*, *platonismo*). Lo mismo ocurre con los movimientos artísticos (*gótico*, *modernismo*, *dadaísmo*) y los géneros (*novela pastoril*, *pintura abstracta*, *ciencia ficción*). La excepción la encuentras en aquellos grandes movimientos culturales que abarcan la mayoría de las artes y, por lo tanto, dan lugar a períodos históricos que se pueden diferenciar, es decir, que sabes cuándo empiezan y cuándo acaban (*Neoclasicismo, Romanticismo*).

- **Cuerpos celestes.** Los nombres de los cuerpos celestes (planetas, estrellas, galaxias, cometas...) son nombres propios y, por lo tanto, hay que escribirlos con mayúscula inicial (*Júpiter, Vía Láctea, Osa Mayor*), salvo los nombres comunes que los acompañan (*cometa Halley*). En el caso de las palabras *tierra*, *sol* y *luna*, escríbelos con mayúscula cuando estés en un contexto puramente astronómico (*La Luna es un satélite del planeta Tierra*), con minúscula en el resto de los casos (*Hace un sol de justicia, aunque tus ojos son dos lunas*). Por otro lado, las formas *estrella polar*, *sistema solar* y *universo* se escriben con minúscula.

- **Signos del Zodíaco.** Los nombres de los doce signos, casas o constelaciones que recorre el Sol se escriben con mayúscula inicial (*Tauro*, *Leo*, *Cáncer*...), así como sus nombres alternativos (*Gemelos*, *Cangrejo*, *Carnero*...). Ahora bien, si utilizas los signos para designar de manera genérica a las personas nacidas bajo cada signo, hazlo en minúscula (*Es un tauro de manual*).

- **Puntos cardinales.** Te venga el texto del *norte*, del *sur*, del *este* o del *oeste* —o de cualquiera de sus combinaciones— escribe los puntos cardinales en minúscula. Sin embargo, sus símbolos deben ir en mayúscula (*N*, *S*, *E*, *O*, *W*), al igual que los nombres propios que incluyen alguno de ellos (*Europa del Este*, *Corea del Sur*).

- **Hemisferios y polos geográficos.** Si nos referimos a nombres comunes, palabras como *ecuador*, *trópico* o *paralelo* deben ir en minúscula, no así el nombre propio al que acompañen (*trópico de Cáncer*). En el caso de que los polos geográficos designen alguno de los extremos del eje de rotación de la Tierra, también se escribirán con minúscula (*polo norte*, *polo sur*), no así cuando sean equivalentes a las regiones del Ártico (*Polo Norte*) y a la Antártida (*Polo Sur*).

- **Fenómenos atmosféricos.** Los nombres propios de las tormentas, huracanes... se escriben con mayúscula inicial y no necesitan ningún resalte (*borrasca Filomena*, *huracán Katrina*, *ciclón Lee*). En el caso de los vientos, se escribirán con mayúscula cuando se refieran al personaje mitológico (*Soy Bóreas, dios del frío viento del norte. Los vientos alisios soplan hacia el ecuador*); en el resto de los casos, minúscula.

- **Elementos y compuestos químicos.** Si compartes tu amor por escribir bien con el Quimicefa, recuerda que los elementos y compuestos químicos son nombres comunes (*helio*, *mercurio*, *oxígeno*) y van en minúscula, no así sus símbolos, en los que la primera letra de cada elemento químico debe escribirse con mayúscula (*H*, *O*, *Ca*, CO_2).

- **Unidades de medida.** Es tan corto el amor y tan largo el olvido que a veces se olvida que, independientemente de cómo lo midamos, *yarda*, *metro*, *newton* o *julio* son nombres comunes que deben escribirse con minúsculas, salvo algunos de sus símbolos (*Fr*, *N*, *K*).

- **Enfermedades y medicamentos.** Si crees que tener la nariz congestionada es incómodo, te adelanto que es peor no saber que los nombres de enfermedades (*gripe*, *catarro*, *mononucleosis*) se escriben con minúsculas. Debes escribirlos con mayúscula inicial cuando formen parte de alguna entidad (*Asociación de Personas Acatarradas*) o contengan en su denominación el nombre de quien la descubrió o padeció por primera vez (*enfermedad de Alzheimer* frente a *alzhéimer*, o *enfermedad de Parkinson*, frente a *párkinson*). En el caso de los medicamentos, si se trata del principio activo, usa la minúscula (*lorazepam*, *ibuprofeno*, *omeprazol*); si es el nombre comercial, la mayúscula (*Orfidal*, *Nolotil*, *Prozac*). ¿Y qué pasa con *aspirina* o *viagra*? Si antes hablábamos de las antonomasias, ahora toca referirse a la lexicalización, es decir, la incorporación de un nombre propio al caudal del léxico común —y su escritura con minúsculas— que se utiliza para designar a cualquier producto con las propiedades del nombre original. En este caso, se usa *aspirina* para pedir ácido acetilsalicílico; *viagra* para cualquier medicamento contra la disfunción eréctil, o *maicena* para la harina fina de maíz.

Referencias temporales

- **Días, meses y estaciones.** A todas luces, son nombres comunes que deben escribirse con minúscula, independientemente del idioma de procedencia (*lunes, rayab, termidor, calendas*), y cuya mayúscula está reservada para los nombres propios, como los de las festividades (*Viernes Santo, hospital Doce de Octubre, Semana Santa*). Si usas el nombre de la festividad en plural, no para referirte al festejo en cuestión, sino a la época en la que tiene lugar, es correcto escribirla en minúscula (*No lo veo desde los sanfermines, así que supongo que vendrá para navidades*).

- **Períodos históricos.** Ya sea porque tengas pensado viajar en el tiempo o porque tengas que referirte a ellos, los nombres de los períodos geológicos se escriben con mayúscula (*Jurásico, Precámbrico, Pleistoceno medio*), salvo que utilices un sustantivo como *era* o *período* acompañando a un adjetivo (*era cenozoica, período carbonífero*). Respecto a los períodos históricos, las palabras *historia* y *prehistoria* se escriben con minúscula, pero sus subdivisiones debes escribirlas con mayúsculas (*Alta Edad Media, Antigüedad, Edad Contemporánea*).

- **Acontecimientos históricos.** Cuando te refieras de forma directa y clara a un acontecimiento histórico, es decir, que no necesites la Wikipedia para saber de qué va, escríbelo con minúscula (*descubrimiento de América, el desembarco de Normandía, la caída del Imperio romano*). Cuando necesites que alguien que haya estudiado a fondo la historia te cuente a qué se refiere, utiliza la mayúscula (*la Semana Trágica, la Gran Depresión*).

- **Guerras.** Como el mundo no está para meterse en más jaleos, evita provocar una lucha ortográfica y recuerda que los nombres de las guerras se escriben con minúscula si forman expresiones apelativas o transparentes (*guerra europea*, *guerra civil española*); sin embargo, usa la mayúscula en los términos específicos del nombre (*guerra de los Seis Días*, *guerra de la Independencia*). En el caso de las guerras mundiales, probablemente te preguntes por qué se escriben con mayúscula (*Primera Guerra Mundial*, *Segunda Guerra Mundial*) si fueron guerras, mundiales y primera y segunda, respectivamente. La propia *Ortografía* aclara que «el uso ha fijado como nombre propio singularizador» estas expresiones, aunque permite escribirlas con minúscula (*primera guerra mundial*, *segunda guerra mundial*), opción recomendabilísima.

Religión y deportes

Aunque pueda parecer muy profano juntar estos dos ámbitos en un mismo apartado, ya verás que verlos juntos te simplificará muchísimo la comprensión.

- **Religiones y deportes.** Los nombres de las distintas religiones (*catolicismo*, *hinduismo*, *protestantismo*) son, al igual que los nombres de los deportes (*baloncesto*, *fútbol*, *voleibol*), términos comunes que se escriben con minúscula, salvo que contengan algún nombre propio (*testigos de Jehová*), que irá en mayúscula.

- **Grupos y equipos.** Las órdenes religiosas (*Orden del Temple, Prelatura de la Santa Cruz y del Opus Dei, Orden de las Hermanas Pobres de Santa Clara*) y los equipos de fútbol (*Real Madrid, Chicago Bulls, Real Betis Balompié*) son nombres propios que se escriben con mayúscula.

- **Fieles y seguidores.** Seas de ir el domingo a misa o a un estadio, los nombres de los fieles (*franciscanos, adventistas, testigos*) y de los seguidores (*madridistas, atléticos, béticos*) se escriben con minúsculas. También sus denominaciones alternativas (*colchoneros, merengues…*).

- **Conceptos.** Ya estés en *vísperas* o en el *tiempo de descuento*, ya en el *cielo* esperando la *salvación* o en el *fondo norte* de la grada aguardando el *gol de oro*, escribe todos los conceptos relacionados con minúscula.

Otros usos

Como te dije antes, si dudas entre escribir una palabra con mayúscula o con minúscula, tienes más probabilidades de acertar utilizando la segunda. Aquí te dejo a modo de cajón de sastre algunas cuestiones más sobre este tema:

- **Impuestos y monedas.** Los nombres de impuestos y tasas se escriben con minúscula (*impuesto sobre la* *renta de las personas físicas*), no así sus siglas (*IRPF*) (ver sección SIGLAS). Ocurre lo mismo con las monedas (*euro*, *EU*).

- **Notas musicales.** Si no quieres desentonar, escríbelas con minúscula (*do*, *re*, *mi*), salvo que utilices el sistema de notación musical anglosajón o alemán, donde se utilizan letras mayúsculas para referirse a cada nota (*C* por *do*).

- **Colores.** Si te ponen *verde* por corregir a los demás, es su problema. Lo esencial es que escribas los nombres de los colores con minúsculas, aunque hay algunos que son compuestos y que están formados por algún nombre propio que debe ir en mayúscula (*blanco de China*, *azul de Prusia*).

- **Comidas y bebidas.** Si disfrutas de un *rioja* con un *camembert* y, ¿por qué no?, con un *manhattan*, lo harás igual —y además correctamente— escribiéndolo con minúscula, puesto que los nombres de comidas y bebidas se escriben con minúscula, salvo que el nombre propio venga acompañado de un sustantivo genérico (*queso de Cabrales*).

Las mayúsculas y la publicidad

Es probable que más de una vez te hayas encontrado con algunos rótulos o carteles donde las mayúsculas campan a sus anchas o donde no hay ni rastro de ellas. No te alteres más de la cuenta, piensa que en ámbitos como la publicidad y el diseño suelen imperar otros criterios, más gráficos que ortográficos. En este caso, te aconsejo que tú, fiel a la norma, la respetes en estos campos y, ¿por qué no?, dar un poco de cancha a los publicistas y los diseñadores. Al fin y al cabo, sus errores nos dan de comer a los correctores de textos, ¿verdad?

Las mayúsculas y los nombres comerciales

Si echamos un vistazo a las estanterías físicas y virtuales te encontrarás con nombres de marcas en cuyos diseños no hay mayúsculas ni se las espera (*yoigo*, *adidas*) y otros que tienen una mayúscula, pero fuera de su posición natural (*easyJet*, *iPhone*) o, incluso, a falta de una, tienen dos (*WhatsApp*, *IntraCredit*) o todo el nombre (*IKEA*). ¿Qué debes hacer en estos casos?

Según la *Ortografía*, si la marca no lleva ninguna mayúscula en su diseño, cuando aparezca en un texto lo adecuado es incorporarla en la primera letra (*Yoigo*, *Adidas*), a pesar de que en el logo se mantenga en minúsculas. Ahora bien, si lleva una o más —aunque no estén en la posición habitual—, puedes dejarla tal y como está (*YouTube*, *eDreams*, *DIOR*).

ABREVIATURAS

Sentir que todo lo que uno quiere contar no cabe en una página es un sentimiento que experimentamos los hablantes desde antiguo. Entre los posibles orígenes de las abreviaturas, se encuentra, por un lado, la necesidad de ahorrar tanto materiales como tiempo y esfuerzo a quien escribía —aunque fíjate qué derroche de medios supone liarse a dibujar ornamentos y letras capitulares— y, por otro, intentar registrar el mayor número de palabras en discursos políticos, juicios y otros textos dictados. Además, como curiosidad, las abreviaturas de los nombres propios (*M. V.*, por *Marco Valerio*, por ejemplo) se crearon por motivos supersticiosos, puesto que se pensaba que si tu nombre aparecía en determinados textos podías ser carne de maldición o mal agüero. Así, para contener el mensaje infinito en un espacio limitado, los hablantes inventamos las abreviaturas, es decir, formas reducidas de las palabras que, a pesar de suprimir algunas letras, los lectores comprenden sin ningún problema. Ahora bien, no abuses de ellas en los textos. Para que te hagas una idea, en el siglo v se utilizaban tantísimas que incluso llegaron a ser prohibidas, puesto que no había lector capaz de entender los textos.

En fin, puesto que no hay nada más español que la letra *ñ*, que originalmente era la forma abreviada de *nn*, digo yo que habrá que dedicarles un apartado, ¿no crees?

- **Formación.** Puesto que el objetivo es reducir el tamaño de la palabra, en español contamos con dos métodos principales para hacerlo:

  - Truncamiento o apócope: eliminando algunas de las últimas letras (*tel.*, *feb.*, *prof.*).

  - Contracción: eliminando letras del medio (*admón.*, *izda.*, *tlf.*).

    También puede hacerse por aféresis, es decir, eliminando caracteres iniciales; sin embargo, es tan infrecuente que es muy difícil encontrar casos (*Loy*, por *Eloy* o *Sidro* por *Isidro*).

  Estos métodos son los que debes utilizar independientemente de que abrevies una palabra (*pág.*) o varias (*r. p. m.*). Además, una misma palabra puede tener distintas abreviaturas. Por ejemplo, *número* puede abreviarse de tres formas distintas (*n.º*, *núm.* y *n.*) o *página*, de dos (*pág.* y *p.*).

- **Qué se puede abreviar.** Aunque el cielo sea el límite de tus objetivos, te aconsejo que cuando formes una abreviatura elimines, al menos, dos o tres letras, pues no tiene mucho sentido aplicar algún método de reducción si únicamente vas a ahorrarte un carácter (*pza.* es mejor que *plza.*), y que, por supuesto, formes abreviaturas fáciles de identificar por los potenciales lectores.

- **Siempre llevan punto… o no.** Como puedes ver, las abreviaturas siempre llevan punto. La razón es que este signo era el más utilizado desde la Antigüedad para marcar la supresión de caracteres o, incluso, palabras. Ahora bien, si alguien te dice que hay abreviaturas españolas que no llevan punto, no te pongas a la defensiva. Tiene razón. Piensa que en muchos casos el punto ha evolucionado a otros signos, como la barra (*c/*, *calle*, y *c/c*, *cuenta corriente*) o, incluso, los paréntesis (*(a)*, por *alias*). En cualquier caso, si ya cuenta con otro signo, prescinde del punto. Lo poco gusta y lo mucho cansa.

- **Siempre con espacio (fino).** Las abreviaturas compuestas, es decir, aquellas que simplifican la escritura de dos o más palabras, se deben escribir con un espacio, preferiblemente fino o de no separación —vale, puede que te suene raro este espacio del que te hablo, pero existe— (*EE. UU.*, *q. d. e. p.*) que impide que la abreviatura se parta a final de línea.

- **Siempre se escriben con minúscula… o no.** Las abreviaturas de nombres comunes se escriben con minúscula (*etc.*). Si se trata de un nombre propio (*M. Rajoy*) o una fórmula de tratamiento (*Ud.*), lo adecuado es escribirlas con mayúscula. También se ha generalizado el uso de la mayúscula con algunas abreviaturas que son nombres o expresiones comunes y que suponen una excepción (*C. P.*). Contra la singularidad, poco se puede hacer.

- **Siempre con tilde.** A diferencia de las siglas, como norma general, debe mantenerse la tilde en la letra que la contiene en la palabra completa, también en los nombres propios (*M. Á.*).

- **Lectura.** Cuando te encuentres con una abreviatura, léela como si estuviese la palabra completa (*núm.* se lee *número*), aunque algunas, cuya sigla es idéntica, suelen deletrearse (*S. A.* se lee ese *a*).

- **Femenino.** Por supuesto que las abreviaturas que tienen variación de género forman femenino. Para formarlo basta con sustituir la *-o* u º por *-a* o ª o insertarla (*Lcdo.*, *Lcda.* o *Prof.*, *Prof.ª*).

- **Plural.** Para formar el plural correcto de las abreviaturas, debes saber que, si la abreviatura está compuesta por una única letra, se duplica (*n.* > *nn.*, *R. H.* > *RR. HH.*). Si se ha formado por truncamiento y acaba en consonante, se añade *-s* (*núm.* > *núms.*, *pág.* > *págs.*). En el caso de que se haya creado por contracción y conserve el final de la palabra, habrá que añadir -s o -es según corresponda (*admón.* > *admones.*). Por último, si termina en º o ª, basta con añadir la terminación s (*Prof.^{as}*).

✧ **Números.** Recuerda que las abreviaturas de los números ordinales (*1.º*, *2.º*) siempre llevan punto y que, por lo tanto, prescindir de este es motivo de excomunión hispanohablante.

SIGLAS

No hace falta ser del CNI para saber que esta sigla se corresponde con el *Centro Nacional de Inteligencia*, digo yo. Pero sí hay que tener una gran pasión por preocuparse por cómo se escriben bien las siglas.

Llamamos *sigla* tanto al conjunto de las letras iniciales de una expresión compleja (*RAE*, *NIF*, *ONG*) como a cada una de las letras que la forman. Así, las siglas que son un conjunto de siglas forman una sigla. Queda claro, ¿no?

- **Formación.** El método para formar siglas es más sencillo que el mecanismo de un chupete. De forma general, basta con que escojas las iniciales de las palabras que contienen significado —esencialmente adjetivos y nombres— y las escribas en una unidad (*OMS*, *ONU*, *IRPF*). Si te encuentras una sigla propia del ámbito científico, no te extrañes si alguna surge de una misma palabra (*UV*) o incorpora cifras o símbolos (*I+D+I*, *3-D*).

- **Sin tilde, puntos ni espacios.** Escribe todas las siglas sin tilde —aunque la palabra original la lleve en la letra—, sin puntos ni espacios entre las letras que forman la sigla (*CIA*).

- **Mayúsculas... o minúsculas.** De forma general, escribe las siglas con mayúsculas, aunque su desarrollo vaya en minúsculas (*IVA*, *impuesto sobre el valor añadido*). En el caso de que alguno de los dígrafos del español esté presente en la sigla, escribe su primera letra en mayúscula (*PCCh*, Partido Comunista Chino); si escribes la segunda letra con mayúscula, podría interpretarse que está compuesta por cuatro letras, y no por dos y un dígrafo. Tampoco te extrañes si, en contextos específicos, localizas siglas que incluyen una minúscula (*ARNm*), esta última letra suele añadir alguna especificación a la sigla asentada (*ARN mensajero*).

- **Lectura.** Es frecuente que, si te encuentras con una sigla, no sepas cómo leerla. No te preocupes. Si la sigla es una combinación impronunciable, deletréala (*DVD* [dé-úbe-dé]) o hazte trampas al solitario si parte de la sigla la puedes leer como una palabra al uso (*PSOE* [pé-sóe]). En el caso de que leerla no sea un problema, olvídate de que es una sigla y léela como una palabra al uso (*OVNI*), pues se trata de un acrónimo (ver sección ACRÓNIMOS). Ah, también es posible leer la sigla igual que si la expresión estuviera desarrollada (*Diccionario panhispánico de dudas*).

- **Género.** Aunque te parezca extraño, sabes perfectamente qué género gramatical debes asignar a cada sigla. Incorporas fantásticamente el determinante *el* con

SMI o *la* con *PYME*. Básicamente, reconoces que hay una palabra de entre todas que actúa como núcleo —vamos, que es la que manda— y asignas a la sigla el género que tenga. Ten en cuenta que las siglas son una excepción a las palabras que empiezan por [á] y que, por ello, lo adecuado es usar el determinante *la* (*la AMPA*, no ⊗*el AMPA*) en lugar de *el* (ver sección GÉNERO).

- **Plural.** De entre todos los errores que más se ven, el plural de las siglas se lleva la palma. Lo primero, olvídate de añadir -s o -'s, tampoco -S o -'S. Hay dos formas de crear el plural, pero ten en cuenta que el de las siglas se marca siempre con el determinante. Por lo tanto, el plural adecuado de, por ejemplo, *PDF* sería *los PDF* (y no ⊗*los PDFs*), aunque en la oralidad pronunciemos [pé-dé-éfe]. La segunda manera sería desarrollando el deletreo: de *ONG* sería *las oenegés*.

- **Siglas extranjeras y cursiva.** Si estás redactando el texto en español, lo más natural es que utilices la sigla española, ¿verdad? Sin embargo, es probable que esta forma apenas cuente con uso (*EUA*, por *Estados Unidos de América*). En estos casos, si prefieres usar la que se ha generalizado y que proviene de otro idioma (*USA*, en este caso), te aconsejo que escribas entre paréntesis, junto con su desarrollo, la coletilla «por sus siglas en [idioma de la sigla]». Recuerda que, por foránea que sea, no necesitas destacarla en cursiva, y que este recurso está reservado a las siglas que provienen de obras de creación (*DLE*) o publicaciones periódicas (*BOE*).

ACRÓNIMOS

Tal y como has leído antes, llamamos *acrónimo* a las siglas que podemos leer en español como cualquier otra palabra. También a las voces formadas por acronimia, un método muy productivo en español. Ahora, vamos a ver cómo funcionan.

- **Formación.** Como ya has visto, provienen de las siglas y la única diferencia entre ambos es que los acrónimos se comportan como nombres al uso, ya sean comunes o propios.

- **Escritura de acrónimos de nombres comunes.** Aunque las siglas se escriban íntegramente en mayúscula, el caso de los acrónimos es diferente. Cuando se trata de un nombre común (*SIDA*, *OVNI*, *MIR*), es frecuente que se vea con mayúsculas durante un tiempo, hasta que los hablantes lo incorporan al léxico común y, por lo tanto, lo escriban con minúscula (*sida*, *ovni*, *mir*). Cuando se ha producido este paso, los acrónimos se comportan como el resto de las palabras y se someten a las reglas de acentuación (*láser*).

- **Escritura de acrónimos de nombres propios.** Los acrónimos que son nombres propios y tienen cinco letras o más pueden escribirse con mayúscula en la inicial y llevan tilde o no según las reglas de acentuación (*Renfe*, *Fundéu*). Cuando el acrónimo tiene menos de cinco letras, lo recomendable es que se quede en mayúsculas (*ONU*, no ⊗*Onu*).

Un caso curioso es el de COVID-19, sigla cuya primera aparición registramos el 11 de febrero de 2020, en un documento de la OMS, y que en diez meses se incorporó al *Diccionario de la lengua española* —es lo que tiene el uso abrumador—. Piensa que esta palabra, que proviene de *coronavirus disease*, la pronunciamos sin problema en español —algunas personas como llana y otras como aguda—, de ahí que tenga la categoría de acrónimo y, por lo tanto, pueda escribirse íntegramente en minúsculas (*covid-19*). Respecto al género, no todos los hablantes identificaron que la palabra que actúa como núcleo es *disease* ('enfermedad') y por ello tiene género femenino (*la COVID-19*). Así las cosas, por cruce con otras palabras de género masculino (*coronavirus*), entre otras razones, se generalizó el uso masculino (*el COVID-19*) y en español conviven los dos. ¿No te parece fascinante?

SÍMBOLOS

Aunque pueda parecerlo, los símbolos no son abreviaturas ni siglas, sino representaciones gráficas estables y normalizadas propias del ámbito científico-técnico que poseen forma de letras o signos no alfabetizables ($ no se ordena en la *s*, aunque se parezca, ni € en la e). Así, déjame que te diga un par de cosas sobre ellos.

- **Son como son.** Y añadiría que nadie puede cambiarlos. Piensa que los símbolos han sido fijados por entidades de normalización y cuentan con validez internacional. Por lo tanto, el símbolo para representar la hora (h) debe escribirse así: en minúscula y sin cursiva —si la añadiésemos, sería el símbolo de *altura*, que proviene del inglés *height*—. No vayas a liarla.

- **Lectura.** Cuando te encuentres con m^2, léelo como [métros-kuadrádos], igual que *km* [kilómetros]. Ahora bien, si está en una fórmula (NH_3), deletréalo.

- **Con espacio (fino).** Igual que ocurría en las siglas (ver sección SIGLAS), los símbolos deben separarse con un espacio fino o de no separación de la cifra a la que acompañan, salvo los volados (*30°*).

- **Detrás... o delante.** En España colocamos los símbolos monetarios detrás de las cifras (*50 $*); en América, lo habitual es que aparezcan delante y sin separación (*$50*).

- **En operaciones matemáticas.** Deja un espacio entre los símbolos matemáticos dentro de una operación que hagas entre dos valores (*2 + 1 = 3*), salvo si usas la barra como símbolo de división (*8/2 = 4*) o no es una operación binaria (+2). Por cierto, no vuelvas a colocar una *x* en lugar de un aspa (×) para indicar una multiplicación. Es un favorcito personal.

PREFIJOS

Si te pregunto por qué sabes que una palabra es una palabra, quizá lo primero que te venga a la mente es qué hago escribiendo este libro. Lo segundo puede que sea una posible respuesta: ¿porque hay un espacio en blanco a la derecha de un grupo de letras? —recuerda que el de la izquierda no deja de ser el espacio derecho de la palabra precedente. Piensa que, cuando empezamos un texto, únicamente dejamos el espacio después de la palabra, no antes—. Sin embargo, no siempre es así. El concepto de *palabra* es más complejo de lo que crees.

Para que quede claro, y simplificándolo mucho, en lingüística distinguimos entre palabras simples (*casa*) y palabras complejas, las cuales pueden ser univerbales —una palabra para un concepto (*contaminación*)— o pluriverbales —varias palabras para un concepto (*perro guía*)—. ¡Ojo! No confundas las palabras pluriverbales con un sustantivo y su modificador (*directora comercial*). Si captas esta diferencia, te aseguro que te resultará muy sencillo entender cómo deben escribirse los prefijos.

Los prefijos son esas unidades morfológicas mínimas que se colocan al comienzo de las palabras (*pre-*, *pos-*, *anti-*, *ultra-*, *super-*, *ex-*…) y, en función de si se unen a una que comienza con minúscula o mayúscula, de si es una palabra univerbal o pluriverbal o incluso un número, se escribirán soldadas, con guion o con un espacio en blanco. Ahora te explico cómo debes escribir el prefijo.

- **Si lo unes a una palabra univerbal que comienza con minúscula.** En ese caso, escribe el prefijo unido a la palabra (*expresidente*, *antibalas*, *vicedirectora*, *superfeo*).

- **Si lo unes a una palabra univerbal que comienza con mayúscula o con un número.** En ese caso, escribe el prefijo con un guion (*sub-21*, *anti-Trump*, *super-8*, *pro-RAE*).

- **Si lo unes a una palabra pluriverbal.** Independientemente de que la base empiece por minúscula o por mayúscula, escribe el prefijo con un espacio (*anti pena de muerte*, *ex niño soldado*, *pro Fundación del Español Urgente*).

RESUMEN DE LOS PREFIJOS	
Palabra univerbal	
Ante minúscula (junto)	***Ante mayúscula o cifra (guion)***
exdirector megafeliz	pro-ONU sub-21

Palabra pluriverbal
Ante minúscula, mayúscula o cifra (espacio)
ex chico de los recados super en contra

Como ves, es bastante sencillo. Ahora vamos a por algunos aspectos que debes tener en cuenta:

- **Guion excepcional.** Es posible separar el prefijo de la palabra con un guion en casos de ambigüedad (*El ex-preso salió de la cárcel*) o cuando quieras jugar con los sentidos independientes de las palabras y del prefijo (*Esta cumbre sirvió de re-unión a los países beligerantes*).

- **Varios prefijos juntos.** Si tienes que unir varios prefijos a una palabra, hazlo sin miedo, aunque el resultado te parezca extraño (*ultrahipersupermegacaro*). Si dos prefijos o más comparten una misma palabra, coordínalos incorporando un guion a aquellos que queden sueltos (*uni-, bi- y tridimensional*).

- **No olvides la doble *r*.** Si unes un prefijo acabado en vocal a una palabra que comienza por *r*, duplícala (*ultrarrico*), y mantén ambas en aquellos prefijos que acaban en *r* y se unen a palabras que comienzan con esta letra (*hiperrata*).

- **No te olvides la tilde.** Si añades un prefijo a un monosílabo, la palabra se convierte en polisílaba y, por lo tanto, debe seguir las reglas de acentuación (*biogás*, *superbién*).

- **Simplifica si corresponde.** Cuando un prefijo acabe en la misma letra con la que comienza la palabra, es posible en muchos casos que debas simplificarla, siempre y cuando no haya una *h* intermedia (*semihistórico*), no haya un cambio de significado (*ultraamoral* no significa lo mismo que *ultramoral*) o se haya generalizado la reducción en la lengua oral (*sobrentender*).

- **Cuidado con la *n*.** Recuerda que en el colegio aprendiste que antes de *b* y *p* se escribe *m*, no *n*. No te saltes esta norma que tan bien memorizaste cuando escribas un prefijo acabado en *n* con una palabra que comienza por las letras anteriores (*compadre*, no ⊗*conpadre*).

- ***No* y *sin*.** En el español tenemos algunos elementos que, sin tener la categoría de prefijos, actúan como tales. Es el caso del adverbio *no* y de la preposición *sin*. En el primer caso, escribe siempre el adverbio separado de la palabra por un espacio en blanco (*no ficción*), sin guion ni unido a la palabra. En el segundo caso, la preposición puede escribirse unida a la palabra (*sintecho*) o con un espacio en blanco (*sin techo*). Ahora bien, recuerda la norma anterior para casos como el de *simpapeles* (también *sin papeles*, no ⊗*sinpapeles*).

PALABRAS CON DISTINTOS SIGNIFICADOS

Lo sé, te repatea el higadillo que alguien no sepa cuándo una palabra se escribe junta o separada, especialmente cuando el significado cambia. Pero también soy consciente de que es probable que alguna de ellas se te resista o que, incluso conociendo la norma, en algunos casos no tengas muy claro si se escribe junta o separada. A todas ellas se las conoce como secuencias especialmente problemáticas. No te preocupes, estoy aquí para ayudarte.

El *porqué* de *por qué* se escribe *por que* o *porque*

- **Porqué.** Se trata de un sustantivo que significa 'razón, causa o motivo' y la inmensa mayoría de las veces viene acompañado de un determinante como *el* o *un* —este indicador puede servirte de ayuda— (*El porqué de su alegría es rarísimo*).

- **Por qué.** Es la combinación de la preposición *por* y el interrogativo *qué* y sirve para preguntar por la causa de algo (*¿Por qué viniste tan tarde?*).

- **Por que.** Es la preposición *por*, que suele venir exigida por el verbo (*preocuparse por, alegrarse por, apostar por…*), y el relativo *que*, el cual introduce una subordinada (*Mostró su preferencia por que lo buscasen en casa*). Ahora bien, también puedes escribirlo junto cuando introduzca una causa parecida a la finalidad (*Me lo tomo porque no se queje / Me lo tomo por que no se queje / Me lo tomo para que no se queje*).

- **Porque.** Utiliza esta conjunción para introducir la causa de algo —recuerda, sirve para contestar a las preguntas hechas con *por qué*— (*No voy porque no me da la gana*).

Con qué se escribe *con que* o *conque*

- **Con qué.** Si lo utilizas para preguntar por el objeto con el que se ha hecho algo (*¿Con qué has cocinado la carbonara?*), recibirás una respuesta con la preposición *con* (*Con huevo*).

- **Con que.** Escríbelo separado cuando puedas intercalar un artículo entre el *con* y el *que* (*Es el reloj con el que controlo el horno*) o cuando puedas sustituir la oración introducida con *que* por un verbo en infinitivo (*Le valía con que supiese la verdad* > *Le valía con saber la verdad*).

✧ **Conque.** Usa esta conjunción con el sentido de 'así que, de modo que' (*Conque esas tenemos, ¿eh?*).

Si no, sino

✧ **Sino.** Quita el espacio cuando lo utilices como sinónimo de *destino* (*Don Álvaro y la fuerza del sino*), cuando reemplace a una oración negada (*No es eso lo que le preocupa, sino lo otro*), cuando la negación venga acompañada de *no solo* (*No solo no vino, sino que ni llamó*), cuando sea sinónimo de *salvo* o *excepto* (*¿Quién sino mi padre podría haber arreglado aquello?*) o de *más qué* u *otra cosa que* (*Eso no era sino la muestra más pura de amor*).

✧ **Si no.** Siempre podrás introducir algún elemento entre la conjunción *si* y el adverbio *no* (*Si tú no me llamas, yo no iré*).

El *aparte*

✧ **Aparte.** Escríbelo en una palabra cuando sustituya a *en otro lugar* (*Deja aparte el libro*), al adjetivo *distinto* (*Román es un caso aparte*) o al nombre que significa 'conversación al margen de otras personas' (*Gloria hizo un aparte en la función*).

✧ **A parte.** Ya sabes que, en este caso, *parte* puede sustituirse por *lugar* (*No irás a parte alguna*).

Así mismo y a sí mismo

- **Asimismo (así mismo).** Utiliza *asimismo* o *así mismo* como equivalentes de *además* o *también* (*Asimismo pienso que la medida es ineficaz*). Ahora bien, escribe *así mismo* si equivale a *mismamente* (*No hace falta que pases más el filete, me lo como así mismo*).

- **A sí mismo.** Comprueba que estás ante esta construcción si puedes flexionar el reflexivo *sí* y el adjetivo *mismo* (*Se lo dijo a sí mismo* > *Me lo dije a mí misma*).

Aya, halla, allá y haya

- **Aya.** Quizá sea uno de los nombres más extraños que recuerdo del colegio: *ayo* y *aya*, que se refieren a las personas que cuidan de los niños y los educan en las casas de gente con dinero.

- **Halla.** Ya sabes que es una forma personal del verbo *hallar* y que puedes sustituir por *encontrar* si no quieres sonar repipi (*Halla el tesoro al final* > *Encuentra el tesoro al final*).

- **Allá.** No hay duda, es un adverbio con usos diversos (*Allá donde se pierde el camino*) o (*Eso ocurriría allá por su infancia*) o (*Allá tú con tu conciencia*).

- **Haya.** Árbol de la familia de las fagáceas… Vamos, un *haya* de toda la vida.

Hecho y echo

- **Hecho.** Si hechos son amores y no buenas razones, seguro que recuerdas que puede ser un nombre (*El hecho es que vino*) o un participio de *hacer* que siempre aparece con *haber* (*He hecho todo lo que me has pedido*).

- **Echo.** Recuerda que lo primero que echa el verbo *echar* es la *h* tanto en sentido literal (*Echa el plástico a la basura*) como metafórico (*Te echo de menos*).

Otras secuencias

Como extra, te regalo un pequeño cuento —algo forzado, lo sé— donde podrás ver otras palabras secuencias que tienen distinto significado según cómo se escriban:

> *Hay* historias que merece la pena contar, *sobre todo* por su originalidad. Tengo un *sinfín* de ellas. *Quien quiera* escuchar una que se quede.
>
> *Ahí*, en el viejo puente donde se celebraban las carreras *contrarreloj*, Marta vio algo extraño. *En torno a* ella, el aire parecía pesado, como si hubiese un misterio esperando a ser descubierto. Se acercó *contra reloj*, pues sabía que la luz se iba. Se quitó el *sobretodo* antes de mirar qué era, puesto que el calor era asfixiante. «¡*Ay*! ¿Qué es esta cosa?», murmuró al encontrar una caja oxidada. Al abrirla, dio con un papel *sin fin* que no decía nada interesante. «¡Vaya *sinsabor*! —se dijo—. ¡*Quienquiera* que haya tirado esta basura aquí es un *sinvergüenza*, igual que quien hizo el helado *sin*

sabor!». Mientras observaba el *entorno*, pensó que tal vez lo había observado *de más*. No había magia, lo único un eco vacío como el de los *demás*. «En fin, seguiré pensando *por qué* separado se escribe todo junto y todo junto se escribe separado», concluyó.

Quienes tienen una edad seguro que recuerdan el programa infantil de televisión *Cajón desastre*, que jugaba con el concepto de *cajón de sastre*, como contenedor de cosas variopintas y el de *un cajón desastroso*, es decir, un contenedor desordenado.

ACENTUACIÓN

Es probable que en el colegio te explicaran aquello de «Todas las palabras tienen acento, pero no tilde», regla utilísima para recordar un tipo de acento: el prosódico, es decir, aquel que contienen las sílabas tónicas o fuertes (*aldea*, *casa*, *lugar*). Sin embargo, ten en cuenta que, en español, también encontramos algunas palabras átonas, es decir, que no tienen ninguna sílaba tónica (*por*, *la*, *me*). Ahora bien, en el caso de las palabras tónicas, no te olvides de que los monosílabos, de forma general, no llevan tilde, salvo algunos casos que te explicaré más adelante y que las palabras polisílabas siguen las normas generales de acentuación.

Antes de ir al asunto, te recuerdo que el signo en forma de rayita oblicua (´) se puede llamar tanto *tilde* como *acento (gráfico)*, de donde se toma la palabra *acentuación*. Por lo tanto, que sea la última vez que te peleas por este tema.

Ahora sí, vamos al lío.

Tipos de acentuación

En español distinguimos cuatro tipos de palabras polisílabas tónicas:

- **Agudas.** Son aquellas cuyo acento recae en la última sílaba (*carbón*, *nobel* —y *novel*—, *frapés*) y que llevan tilde cuando acaban en *-n* (*problemón*), *-s* (*cafés*) o vocal (*tentempié*). No llevan tilde las que terminan en *-n* o *-s* precedidas de otra consonante (*robots*).

- **Llanas.** Son aquellas cuyo acento recae en la penúltima sílaba (*árbol*, *tregua*, *cuadriga*) y que llevan tilde cuando acaban en una consonante diferente a *-n*, *-s* o vocal (*huésped*, *clímax*, *tándem*). Sí llevarán tilde las que terminen en *-n* o *-s* precedidas de otra consonante (*wéstern*). Como curiosidad, una gran parte de las palabras polisílabas que usamos en español son llanas y no se acentúan, básicamente, porque en latín no había palabras agudas y muchas de las llanas que nos han llegado acaban en *-n*, *-s* o vocal.

- **Esdrújulas.** Son aquellas cuya intensidad recae en la antepenúltima sílaba (*cáscara*, *plátano*, *cántaro*) y siempre llevan tilde, por eso son mis favoritas. Piensa que la propia palabra *esdrújula* es esdrújula.

- **Sobresdrújulas.** Son aquellas cuya intensidad recae en la sílaba anterior a la antepenúltima (*guárdamelo*, *mírasela*, *quítasela*) y, al igual que las esdrújulas, siempre llevan tilde. Fíjate en que este tipo de palabras no aparece de forma *natural* en nuestra lengua (nunca encontrarás una sobreesdrújula en un diccionario), sino que siempre las construimos añadiendo los pronombres clíticos (*-me*, *-lo*, *-se*, *-te*...) a formas verbales.

Diptongos, hiatos y triptongos

Como sé que este asunto puede traerte de cabeza, voy a explicarte que en español diferenciamos las vocales entre:

- **Abiertas o fuertes (*a*, e, o):** las decimos con la boca abierta y suenan fuertes.

- **Cerradas o débiles (*i*, *u*):** las que decimos con la boca más chica y suenan flojito.

Si has entendido lo anterior, te aseguro que no vas a tener mayor dificultad en comprender lo que sigue:

- **Diptongos.** Se conoce como diptongo al conjunto de dos vocales que forman parte de una misma sílaba (*acuario*) y, de forma general, llevan la tilde o no según las reglas generales de acentuación. Sin embargo, es posible que, si tienes que acentuar un diptongo, dudes de cuál de las dos vocales debe llevar la tilde.

  Como ves, las vocales de los diptongos siempre van unidas, como en una pareja, así que pregúntate lo siguiente: «Cuando hay un problema en una pareja, ¿quién se come el marrón? ¿La persona más abierta de mente o la más cerrada?». Supongo que coincidirás conmigo en que lo hace la más abierta, ¿verdad? Pues, si dudas sobre quién debe cargar con el marrón de la tilde, recuerda que cuando el diptongo esté compuesto por una vocal abierta y una cerrada será la vocal abierta la que deba acentuarse (*náutico, licuó, terapéutico*), independientemente de la posición que ocupen. En el caso de que tengamos dos vocales cerradas, sigue las reglas de acentuación (*fuisteis*); pero, si necesitas incorporar la tilde, hazlo en la segunda vocal cerrada (*acuífero*).

✧ **Hiatos.** En este caso, son dos letras que gráficamente van seguidas, pero corresponden a sílabas distintas (*hiato* [i.a.to]). Como la propia palabra *hiato* significa 'separación', voy a retomar el ejemplo anterior. En este caso, pregúntate: «Si una pareja decide no volver a verse jamás, ¿quién se queda con todo? ¿El más abierto de mente o el más cerrado?». A todas luces, el segundo, ¿verdad? Por eso la letra cerrada es la que siempre se queda con la tilde (*cortaúñas, país, búho*), independientemente de la posición que ocupen. Si se trata de dos vocales cerradas idénticas, es decir, dos cabezotas calcados, ninguna se acentuará (*Rociito*); pero, si son dos vocales abiertas, seguirán las reglas generales de acentuación (*aéreo*). Recuerda que algunas formas de verbos, como *criar, reír, freír, liar* o *piar*, en pretérito perfecto de indicativo, son monosílabas y, por ende, no deben acentuarse (*No se fio y, aunque el ave pio, no crio a los polluelos*).

- ✧ **Triptongos.** Seguro que has identificado que ese *tri-* significa 'tres' y que, por lo tanto, un triptongo es una secuencia de tres vocales que forman parte de una misma sílaba. Para ser más precisos, una vocal abierta encerrada por dos cerradas. En estos casos, sigue las normas generales de acentuación (*guau*) y, si le corresponde la tilde, acentúa la vocal abierta (*despreciéis*).

Acentuación diacrítica, los determinantes

Tienes clarísimo que los monosílabos no se acentúan. Lo sé. Ahora bien, en español contamos con algunos que son tónicos (*Habló él*) frente a otras formas que se escriben igual, pero son átonos (*El perro*). Para solucionar este problema, utiliza la tilde (*él/el, tú/tu, té/te, mí/mi, sí/si, más/mas, dé/de, sé/se*). Por cierto, recuerda que cada vez que acentúas *ti* muere un gatito, pues no se opone a ninguna forma átona.

Como has visto antes, los polisílabos siguen a pies juntillas las reglas generales de acentuación. Por ejemplo, el adverbio *aún* lleva tilde porque es tónico y porque se trata de un hiato (¿lo recuerdas? Acabas de verlo en el apartado anterior). Como truco del almendruco, no olvides que lleva tilde cuando equivale a *todavía* (*Aún no he recogido la ropa del tendedero*); pero que debes quitarla cuando sea tónico y se utilice con el valor de *hasta, incluso, también* (*Todos llegaron a tiempo, aun quienes dijeron que llegarían tarde*), *siquiera* cuando viene negado (*Ni aun su gato lo quiere*), *aunque* y *a pesar de* (*Se dieron la mano aun siendo enemigos*).

Qué, cuál, quién, cómo, cuándo, cuánto y *(a)*dónde

Añade la tilde cuando:

- **Tengan valor interrogativo o exclamativo.** Verás que encabezan construcciones interrogativas y exclamativas directas (*¿Qué hora es?*) e indirectas (*No sé qué hora* es).

- **Como sustantivos o expresiones.** Es posible que estas palabras se conviertan en nombres comunes (*No sabe el qué ni el cuándo*) o formen parte de expresiones (*Ha comprado varios móviles de segunda mano, a cuál peor*).

- **Como indefinidos.** Cuando términos como *quién*, *cuál* y *cuándo* equivalen a *uno que* u *otro que* (*Ya tenemos quién compra la bebida, quién trae la música, quién se escaquea…*).

No pongas la tilde cuando:

- **Sean relativos, actúen como conjunciones o preposiciones.** En estos casos, son palabras átonas y por ello se escriben sin tilde (*¡Que le digas la hora cuando puedas!*), incluso el relativo *cual*, aunque lo pronuncies tónico (*A lo cual se aferró todo el día*). En estos casos, sirven para relacionar palabras, grupos sintácticos u oraciones (*Hay que ver que, como tengo más sueño ahora que antes, me he olvidado de que estuve allí como una hora*).

- **Formen parte de expresiones.** Normalmente algunas de estas palabras forman parte de expresiones que utilizamos en nuestro día a día (*¿A que no sabes lo que me pasó? Ocurrió tal y como te lo he contado. Así, cada cual a lo suyo. Pero, ojo, cada quien es libre de actuar como quiera*).

Ahora bien, puedes escribir la tilde o no en algunos casos determinados, en los que la pronunciación tónica o átona de estas palabras no implica un cambio sustancial de significado, especialmente:

- **En relativas en las que no se especifique el antecedente y además sea inespecífico.** Si te encuentras con verbos como *buscar, hallar, haber, necesitar*… es posible que estas palabras puedan escribirse con o sin tilde (*Busca cómo/como llegar porque yo no tengo dónde/donde dormir*) cuando estén omitiendo un antecedente inespecífico. Si el antecedente se expresa, el relativo no lleva tilde (*Busca la manera como llegar porque yo no tengo sitio donde dormir*).

- **Con algunas subordinadas que pueden ser relativas o interrogativas.** Con verbos como *gustar, depender, saber, ignorar, olvidar* o *recordar* la oración subordinada puede analizarse como una relativa o interrogativa indirectas. En estos casos, podrás escribir con tilde o sin ella (*Según cuándo/cuando se lo digas*) con el mismo significado en la mayoría de los casos.

- **Con los verbos de percepción o relato.** Los verbos como *ver, oír, mirar, observar, contar, señalar, explicar*... construyen su subordinada con *como/cómo*, por lo que debes saber que tan válido es añadir la tilde como no incorporarla (*Ya verás cómo/como llega tarde*).

Ni éste ni *sólo* ni ó

Cuando alguien te diga que no acentuar los pronombres demostrativos, el adverbio *solo* o la letra *o* entre cifras es algo reciente, hazle saber que la norma ortográfica es del año 2010 y que, por lo tanto, le ha dado tiempo a tener criaturas, comprarse un piso y hacer carrera en la Administración pública, por lo menos. Mientras busca un argumento para atacarte, te explico la norma:

- **Pronombres demostrativos (éste, *ésta*, ése, *ésa*, *aquél*, *aquélla*).** Déjame decirte que no es adecuado acentuarlos, básicamente porque son palabras llanas acabadas en vocal y porque las formas tónicas correspondientes (*esté*, *está*) ya llevan la tilde que bien merecen por ser palabras agudas acabadas en vocal. Creo que no es necesario que repita que la acentuación lo único que hace es contraponer formas tónicas y átonas, ¿verdad?, que no marca significados ni categorías gramaticales —mira *esto*, *eso* y *aquello*, nunca han llevado tilde porque únicamente pueden funcionar como pronombres—.

✧ ***Sólo.*** Sé que en el colegio te enseñaron muy bien que se acentuaba cuando equivalía a *solamente* y que había que quitar la tilde cuando equivaliese al adjetivo *solo* (femenino *sola*), ¿a que sí? Pues lo cierto es que esta tilde es incorrecta desde sus orígenes. Piensa que *solo* y *sólo* se pronuncian exactamente igual, es decir, que son polisílabos llanos acabados en vocal. Pero ¿por qué se acentuó? Esto es lo que dice la *Gramática* de 1880: «Por costumbre se acentúa la palabra *solo*, cuando es adverbio, y no si es sustantivo o adjetivo». Como ves, la razón es puramente costumbrista, no lingüística. Además, usa lo que en lingüística llamamos el presente descriptivo (*se acentúa*) y no el futuro de obligatoriedad (*se acentuará*).

Ahora bien, quizá seas una persona convencidísima de que la tilde en el adverbio te resuelve un sinfín de ambigüedades y no seré yo quien te quite la razón, pero te voy a hablar de *la perra de mi hermana*, que dijo que *esta noche tiene sexo seguro* o que se *compró el piso primero*. ¿Cómo se te queda el cuerpo? Este tipo de ambigüedad se conoce como *anfibología* —que nada tiene que ver con los anfibios—, es decir, una situación en la que el mensaje se puede interpretar de diferentes maneras, especialmente cuando el texto es corto, y que en la inmensa mayoría de los casos se resuelve por contexto. Por lo tanto, y aunque la Academia abra ligeramente la puerta a acentuar el adverbio *solo* cuando «a juicio del que escribe, su uso entrañe un riesgo de ambigüedad», te pido, a favor de la razón y de corazón, que no lo hagas.

- **Ó.** Otra de las tildes que no debes poner bajo ningún concepto es la que tradicionalmente ha acompañado a la conjunción *o* cuando se escribía entre cifras (*2 ó 5*) para evitar confusiones (*205*) que hoy resultan casi imposibles utilizando los teclados. Aun así, si tus ceros y tus oes manuscritas son parecidas, recuerda que puedes incluir una barra oblicua dentro de los ceros (**Ø**) o esforzarte un poquito para que se diferencien bien.

Otras cuestiones

- **Palabras compuestas.** Si escribes una palabra compuesta sin guion, sigue las reglas generales (*semidiós*) y no te olvides de los posibles hiatos (*cortaúñas*). En el caso de que estén unidas por un guion, añade las tildes necesarias (*histórico-crítico*).

- **Adverbios acabados en *-mente*.** La norma es sencilla: si el adjetivo (*ágil*) lleva tilde, el adverbio formado también (*ágilmente*). ¿A que es fácil?

- **Enclíticos.** En el momento en el que incorporas pronombres como *-me*, *-te*, *-les*, *-la*... por detrás al verbo, debes seguir las normas generales de acentuación (*dame, bésale, sácatela*).

- **Formas voseantes.** Nuestra lengua es mucho más rica de lo que piensas. Ten presente que en el español hispanohablante se utiliza el extendido *voseo*, es decir, el uso de *vos* para dirigirse al interlocutor. Cuando utilices esta forma, refléjalo en la acentuación (*¡Hablá! ¡Decime todo!*).

- **Alargamiento de la tilde.** Si alargas una vocal dentro de una palabra que debe ir acentuada, no te olvides de replicarla en todas las letras (*¿Quééé?*).

- **Desplazamiento del acento.** Ten en cuenta que hay algunas palabras cuyos acentos se desplazan al formar el plural, como en *carácter* (*caracteres*), *régimen* (*regímenes*) o *espécimen* (*especímenes*).

BLOQUE II

ORTOTIPOGRAFÍA

EL ARTE DE IMPRIMIR CORRECTAMENTE

Si te pregunto qué significa la palabra *ortografía*, estoy convencido de que me darás una respuesta parecida a 'escritura correcta', ¿verdad? Pero ¿qué pasa si te pregunto por el significado de la palabra *ortotipografía*? No te preocupes, podemos definirla como 'el conjunto de usos y convenciones particulares por las que se rige en cada lengua la escritura mediante signos tipográficos' o, si le echamos literatura, 'el arte de imprimir correctamente'. Se trata, pues, de la disciplina encargada de aspectos como el uso de la negrita, de la cursiva, de las versalitas…, así como de las tipografías, los estilos o la disposición del texto y de las imágenes en un documento.

Como este libro no pretende ser un estudio exhaustivo de esta maravillosa rama de la lingüística, sino un solucionador de problemas textuales, me centraré en los aspectos que pueden generarte más dudas en tu día a día.

Antes de ir al meollo, quiero que reflexiones sobre el uso y abuso de recursos como la negrita, la cursiva o el subrayado con un ejemplo: quienes vivimos en un edificio es habitual que tengamos un vecino que a la menor perturbación en la convivencia vecinal redacta, imprime y pega una nota, bien en el ascensor, bien en el tablón, bien en la puerta de la entrada, ¿verdad? Si todavía no lo has identificado, eres tú. Volviendo al tema ortotipográfico, ¿qué rasgos presenta el texto de la perturbadora nota? Mayúsculas, negritas, cursiva, subrayado... En definitiva, todo lo que tiene un botón en los procesadores de textos. ¿Qué pretendía con ello? Destacar. ¿Qué consiguió? Convertirse en un terrorista ortotipográfico, pues ningún concepto llamó más la atención que otro en el texto. Así las cosas, evita utilizar varios de estos recursos al mismo tiempo o abusar de ellos.

Negrita

Como se ve sin esfuerzo, el trazo de la **negrita** —también llamada *negrilla*— es más grueso que el de la normal o redonda (palabra) y todavía más que el de la fina (palabra), pero también existe la seminegrita (**palabra**) y la extranegrita (**palabra**). Su función es resaltar palabras, expresiones o frases para que tus ojos vayan tan rápido al texto como la chancla de tu madre hacia ti cuando habías hecho alguna trastada.

Piensa que, gracias a este recurso, has aprobado la mayoría de tus exámenes durante el colegio y el instituto. ¿Acaso no eran las palabras con este formato las que te leías con tanto empeño para que, al menos, te pusieran un cinco? Sin embargo, cuando el libro de texto estaba inundado de estas palabras, ¿qué te tocaba hacer? Sin duda, echar mano de un subrayador que te permitiese volver a destacar las palabras verdaderamente importantes, y lo mismo cuando el texto era más plano que la meseta Central.

Usos frecuentes

- ✧ **Los títulos y secciones de un libro.** También para los apartados que se expresen con números. Fíjate en que la mayoría de los estilos predeterminados de los procesadores de textos llevan este rasgo.

- ✧ **Palabras clave.** Especialmente en los textos divulgativos o didácticos, usa este recurso —con moderación— para mostrar cuáles son los términos esenciales. En el caso de los textos web, también se utiliza la negrita para mejorar el posicionamiento de la página en los motores de búsqueda. Como amigo, te aconsejo que si quieres evitar que te respondan un correo electrónico con preguntas innecesarias, porque ya has tratado el asunto en el *mail*, marques con este formato los asuntos principales: asunto, fechas y horas, qué esperas de la otra persona...

- ✧ **Destacados o ladillos.** Es frecuente que en muchas piezas de periódicos y revistas veas extractos destacados donde la negrita está justificada para llamar la atención.

- ✧ **Remisiones.** Si dentro de un texto tienes alguna remisión interna, generalmente encerrada entre paréntesis, puedes usar este formato para que el lector vea rápido adónde debe acudir.

- **Títulos de tablas y cuadros.** Es frecuente que las palabras que forman parte de los títulos de tablas, cuadros, figuras o imágenes lleven este formato, aunque también pueden ir en versalita (ver sección VERSALITA).

Cursiva

Llama cursiva, bastardilla o itálica a esta letra de trazos inclinados que probablemente te recuerde a la letra manuscrita y que se opone a la letra normal (o redonda). Sus funciones principales son señalar el carácter especial de una palabra o expresión y delimitar fragmentos concretos. En definitiva, al igual que pasa con las comillas —de ahí que en ocasiones puedas alternarlas para la misma función—, la cursiva le dice a quien va a leer el texto: «A mí me pasa algo: quizá no sepas pronunciarme, es posible que te resulten extrañas algunas de las letras que me forman, fíjate en mí, no me interpretes como lo harías normalmente…». Te adelanto que en los periódicos no es frecuente que se utilice la cursiva, sino que se empleen las comillas simples (ver sección COMILLAS) en su lugar.

Por otro lado, aunque en algunos casos leas palabras que he escrito en cursiva, pese a que te indico que no van con ese tipo de letra, debes saber que se trata del formato que he elegido para los ejemplos —como en el resto del libro—. Así, cuando quiera marcar una cursiva en los ejemplos, utilizaré el subrayado.

Usos frecuentes

- **Extranjerismos crudos.** Se conoce como extranjerismo crudo a toda la palabra extranjera que no se somete a las pautas fonéticas y morfológicas del español (*photocall*, *hype*). Ten en cuenta que sus derivados (*jazzístico*, *pizzería*) y sus adaptaciones (*wiski*, *espóiler*) se escriben en letra normal, al igual que en textos técnicos o en los que se utilizan continuamente este tipo de extranjerismos.

- **Palabras mal pronunciadas o mal escritas.** Tanto las palabras mal escritas (⊗*amoto*, ⊗*gomitar*) como las construcciones incorrectas (⊗*la dije*) utilizan este tipo de letra. Ahora bien, en el caso de los textos literarios en los que un personaje utiliza intencionadamente una variedad lingüística concreta —como la ceceante o seseante— o se quiere reflejar la oralidad en la escritura es posible usar la letra normal.

- **Neologismos.** En el ámbito periodístico es muy habitual que los redactores escriban en cursiva palabras recién creadas o inventadas (ver sección NEOLOGISMOS) para marcar la novedad (*juernes*, *tardeo*), aunque no es obligatorio.

- **Énfasis.** Llama la atención de cualquier palabra de un texto con la cursiva (*Esta entidad se conoce como* <u>*fondo buitre*</u>).

- **Palabras como tales.** Cuando hagas referencia directa a la palabra, no a su significado, sino a su formación, puedes usar la cursiva (*La palabra casa tiene cuatro letras*). Es decir, cuando utilizas la lengua para hablar de la lengua, haces lo que se conoce como *uso metalingüístico*. Por supuesto, a mano —por muy buena letra que tengas—, utiliza las comillas.

- **Ironía y otros sentidos.** También puedes usar este recurso para indicarle a quien lee el texto que no debe interpretar la palabra con el sentido más habitual (*Me encanta este precioso roto que me has hecho en el traje*).

- **Nombres científicos.** Si te apasiona la zoología o la botánica tanto como la ortografía, seguramente sepas que los nombres científicos con los que se reconoce universalmente a los seres vivos se escriben en cursiva (*Homo habilis*), con el primero en mayúscula (el género) y el segundo en minúscula (la especie).

- **Apodos y alias.** Como viste en el apartado de las comillas (ver sección COMILLAS), los apodos o alias que acompañan al nombre real se escriben en cursiva (*Leopoldo Alas, Clarín*) o entrecomillados (*Leopoldo Alas, «Clarín»*). Si van solos, se ponen en normal.

- **Títulos de obras de creación.** Los títulos de películas (*Lo que el viento se llevó*), series (*Aquí no hay quien viva*), pódcast (*Arte compacto*), libros (*Diccionario de la lengua española*), cuadros (*Saturno devorando a sus hijos*), esculturas (*El pensador*), álbumes (*Pájaros en *la cabeza*)... se escriben en cursiva y únicamente con mayúscula en la inicial (ver sección MAYÚSCULAS) y en los nombres propios. También sus menciones abreviadas (*Quijote*) o sus siglas (*OLE, Ortografía de la lengua española*). Recuerda que los nombres de canciones pueden escribirse en cursiva (*Yo quiero bailar*) o entrecomillados.

- **Títulos dentro de títulos.** En el extrañísimo caso de que un título contenga, a su vez, otro título, puedes escribir este segundo entre comillas (*Introducción a «Los Abel» de Ana María Matute*) o sin ellas (*Introducción a Los Abel de Ana María Matute*).

- **Publicaciones periódicas.** Los nombres de boletines (*Boletín Oficial de la Comunidad de Madrid*), revistas (*El Cultural*), periódicos (*El País*)... se escriben en cursiva y con mayúsculas en los términos relevantes. Usa la letra normal y la mayúscula para los nombres de cadenas de televisión, productoras, editoriales, agencias de medios, emisoras de radio... (ver sección MAYÚSCULAS Y MINÚSCULAS).

- **Leyes y textos legales.** Cuando el nombre de una ley o texto legal es extenso, puedes prescindir de las mayúsculas en los términos relevantes y redactarlos en cursiva (*Resolución del 24 de enero de 2025, de la Dirección General de Política Energética y Minas, por la que se aprueban los precios de referencia para calcular el valor de la extracción de gas, petróleo y condensados correspondientes al año 2024*) o entrecomillados.

- **Acotaciones.** Todo lo que los personajes escenifican pero no pronuncian se escribe en cursiva y entre paréntesis (*Policía.— (Llevándose la mano al arma.) ¡Quieto ahí!*).

- **Dedicatorias.** Cuando publiques un libro y decidas a quién se lo vas a dedicar, escribe la dedicatoria en cursiva (*A mi gato*), que puede ir con punto —si es extensa— o sin él —si es breve— (ver sección PUNTO).

Versalita

Como fan de la buena escritura, seguramente conozcas la letra versalita (PALABRA), que es un híbrido entre la minúscula (palabra) y la mayúscula (PALABRA). En español no hay un uso obligatorio de la versalita, aunque sí se han establecido algunas convenciones por cuestiones estéticas o de estilo. Te cuento cuáles son las más habituales.

Usos frecuentes

- **Números romanos.** Utiliza la versalita para los números romanos que figuren en tu texto de forma aislada (*siglo* XX). Si acompañan a un nombre o forman parte de una expresión debes escribirlos con mayúscula (*Felipe VI*).

- **Inscripciones.** Si te fijas en las placas de edificios históricos o monumentos, verás que el tipo de letra utilizado es la versalita (*A TODA LA CIUDADANÍA*).

- **Autoría.** Es frecuente escribir en versalita el nombre y los apellidos de la persona que ha escrito una parte de un libro o cuyas palabras se citan.

- **Obra citada en la propia obra.** Aunque la cursiva es el recurso general para escribir los títulos de obras de creación y publicaciones periódicas, es muy habitual que, si se menciona el nombre de la obra en el propio texto, este título se escriba en versalitas (*Hemos publicado el* DICCIONARIO DE DUDAS *para que no te líes más de la cuenta*).

- **Títulos y arranques de capítulos.** Muchas editoriales escriben tanto el título de los capítulos como las primeras palabras con las que comienza cada uno en versalita.

- **Referencias bibliográficas.** Algunos sistemas marcan que se escriban en versalita los nombres y los apellidos de los autores citados.

- **Teatro.** Si lees obras de teatro, no te extrañará ver los nombres de los personajes escritos en este tipo de letra. No hagas un drama por ello.

- **Siglas.** Durante bastantes años, algunas editoriales han escrito las siglas (*CIA, DNI, ONU*) en versalita, en vez de en mayúsculas (ver sección MAYÚSCULAS Y MINÚSCULAS).

Listas y enumeraciones

Organizar el mundo o la vida es mucho más fácil si, en lugar de expresar el contenido a párrafo limpio, utilizas las listas. Ahora bien, con tanto topo o viñeta (• ♦ —), números (*1. 2. 3.*) o letras (*a. b. c.*), quizá no siempre tengas claro cómo organizarlas. Voy a explicarte cómo funcionan usando el ejemplo de la tortilla de patata que me regaló mi amigo Antonio Martín.

Si tienes que escoger entre dos opciones, puedes utilizar las listas con letras:

En el ámbito gastronómico hay dos bandos bien diferenciados:

a. Los concebollistas
b. Los sincebollistas

Utiliza los topos, bolos o viñetas cuando te encuentres con un conjunto de elementos que no sigan un orden particular:

Independientemente de en cuál te encuentres, necesitarás comprar una serie de ingredientes:

- *patatas*
- *aceite de oliva*
- *huevos*
- *cebollas (opcional)*
- *sal*

Cuando te toque dar unas instrucciones en orden, te aconsejo que utilices los números para mostrar cada paso:

Ahora sí, ha llegado el momento de ponerse manos a la obra:

1. *Pela y corta las patatas en rodajas finas. Fríelas (junto con la cebolla picada, si así te gusta) en aceite de oliva a fuego medio hasta que estén blandas, pero no doradas.*
2. *Bate los huevos en un bol grande e incorpora una pizca de sal.*
3. *Cuando las patatas estén listas, escúrrelas del aceite y mézclalas con los huevos batidos.*

Recuerda que los elementos de las listas pueden escribirse con mayúscula inicial o con minúscula, con punto al final de cada elemento o sin él, pero todos deben ir igual dentro de la enumeración.

Emoticonos y emojis

Alguien que de verdad ama la ortografía no se caracteriza por no usar emojis o emoticonos, sino por saber perfectísimamente dónde deben colocarse. Aquí te cuento las recomendaciones lingüísticas que publicó la Fundación del Español Urgente (Fundéu) en su web:

Espacios

✧ Se recomienda escribir los emoticonos y los emojis separados por un espacio de las palabras y pegados o no a los grupos de puntuación en iguales condiciones que una palabra, a excepción de que estos sustituyan a fragmentos de términos: *La selección española se la juega en el partido* 🇪🇸 *vs.* 🇫🇮.

✧ En cambio, los emoticonos se escriben entre espacios siempre que se considere que puede haber problemas en su delimitación. Cuando aparezcan junto a signos de puntuación que se podrían tomar como parte del emoticono, se puede dejar un espacio entre ambos *(Nos vemos :-))* o cambiar el emoticono de lugar.

Puntos y comas

✧ Por lo general, se recomienda respetar la puntuación que el enunciado tendría si no se utilizaran emoticonos o emojis (*Ven con nosotros y lo celebramos.* 🎁).

✧ En el caso del punto final se justifica su ausencia en el único caso de que el emoji se utilice para representar el punto (*Porque lo digo yo y punto* ⚫). Lo mismo se aplica a signos de interrogación y exclamación (*¡Es una auténtica ganga* ❗).

✧ Cuando se escriben varios emojis o emoticonos seguidos, no es necesario separarlos por comas (*¡Muchas felicidades* 🎂👏*!*), excepto si se usan en sustitución de palabras (*Nos espera una tarde llena de deportes en la pequeña pantalla:* 🏀, ⚾, 🚴 *y muchas más retransmisiones*).

¿Antes o después del signo de puntuación?

Cuando se inserta un emoticono o emoji hay que procurar que su posición no genere ambigüedades respecto a cuál es el segmento o elemento al que afecta. Se pueden dar cuatro situaciones diferentes:

- En los casos en los que un emoji o un emoticono afecte a todo un enunciado y que sea el único emoji que aparece en el mensaje, es preferible colocarlo después del punto para evitar que se pueda interpretar que modifica a la última parte y no a todo (*Suscríbete a nuestro boletín semanal.* ✉️), ¿de acuerdo? Pese a ello, el *Libro de estilo del español* de la RAE señala que no es incorrecto colocarlo antes (*Suscríbete a nuestro boletín semanal* ✉️.), así que puedes hacerlo.

- Cuando hay otro enunciado después de aquel al que modifican, es preferible situar el emoji o emoticono delante del punto para que no parezca que afecta al enunciado siguiente (*Viena estrenará semáforos inteligentes* 🚦. *La ciudad pretende así acabar con el sistema de pulsación*).

- Si el emoji o el emoticono modifica la última parte de un enunciado, se aconseja escribirlo delante del punto (*Esta página usa cookies propias y de terceros* 🍪, *pulse en el siguiente enlace para aceptarlas* 👌).

- Cuando el emoji o el emoticono sustituye a una pieza léxica, la puntuación se situará donde correspondería si fuera una palabra (*Después de tomar unas* , *podemos ir al*).

¿Y las mayúsculas?

Salvo que los emojis o los emoticonos se usen en sustitución de palabras, la mayúscula debe aplicarse como si no estuvieran presentes. Así, en un enunciado encabezado por un emoji o un emoticono, la primera palabra tras ellos debe mantener la mayúscula inicial (*Resultados de la liga de baloncesto*).

> Ten siempre presente que no por mucho resaltar harás que algo sea más importante; es más, si en un texto hay palabras en negrita, cursiva y mayúscula en abundancia, se puede pensar que, como todo es importante, todo tiene la misma importancia, por lo tanto, nada es importante.
>
> Y con un resalte es suficiente. No pongas *«El COCIDO MARAGATO ESTÁ RIQUÍSIMO »* en un texto que no sea publicitario o singular por algún motivo, pues estará igual de bueno; por favor, o negrita o cursiva o subrayado o comillas, modérate con las mayúsculas, y el emoji te lo permitirá el contexto o no (no lo pongas en un currículo, por ejemplo).

BLOQUE III
GRAMÁTICA

LAS REGLAS DEL LENGUAJE

Tanto para montar un mueble como para crear un mensaje necesitas instrucciones. En el primer caso, la tienda te entrega las piezas que lo forman, los tornillos, los clavos... y el manual de instrucciones te indica los pasos que debes seguir para que quede como el que viste en la exposición. En el segundo caso, el vocabulario te da las piezas lingüísticas necesarias —palabras, morfemas, sonidos...— y la gramática te muestra cómo debes combinarlas para que tengan sentido. Como ves, se trata de una especie de manual de instrucciones que te dice en qué lugar del discurso tiene que ir cada elemento. Fíjate en que una oración como *Carne el come la perro* no tiene ningún sentido —ni para ti ni para nadie—, frente a *El perro come la carne*.

Por lo tanto, reduciendo muchísimo este concepto, la gramática es el conjunto de reglas lingüísticas que te permite emitir mensajes y que sean comprendidos por quienes los lean o escuchen. Pero, antes de analizar cuáles son las reglas que los hablantes se saltan con más frecuencia, es importante saber de qué tipo de reglas estamos hablando.

(A)gramaticalidad e (in)corrección

Hay dos conceptos que son los culpables de muchas de las discusiones con tu tío o tu cuñado en las cenas navideñas sobre lo que está bien o está mal en la lengua: gramaticalidad y corrección —o su ausencia: agramaticalidad e incorrección—. Ambas, a su vez, tienen relación con la norma. Pero vayamos por partes, como dijo Jack el Destripador.

Una expresión es gramatical cuando se ajusta a las reglas gramaticales de una lengua. Tiene sentido, ¿verdad? Ahora bien, ¿qué reglas gramaticales? ¿Las que dicta la Academia? ¿Las que te cuento en este libro? No. Vas a ver que esas forman parte del segundo concepto, el de la corrección. A la gramaticalidad le importan en exclusiva las reglas que conforman la gramática de cada hablante, las que construyen la lengua que cada uno utiliza. Así, para algunas personas tan gramatical es *Se me cayó el vaso* como *Me se cayó el vaso* porque, para ellos, la segunda opción —que jamás admitiré en este libro— es tan natural como la primera o incluso más. De la misma forma, si tú procedes de la parte occidental de la península, probablemente te suene fantásticamente una oración como *Me quedé el libro en casa*, aunque si has nacido o vives en el resto del territorio hispanohablante la encontrarás tan rara como un perro verde —porque en su lugar dices *Me dejé el libro en casa*—. Lo que sí encuentra agramatical cualquier hispanohablante son secuencias como *Nosotros compro pan*, ya que en todos los dialectos de nuestro idioma el verbo debe concordar con el sujeto de la oración.

Ahora bien, de entre todas las variantes gramaticales de un idioma, los hablantes —y no la Academia en solitario— escogen aquellas que forman parte de la norma lingüística, es decir, las variantes que tienen más prestigio social, por el motivo que sea: porque sean las que hablen las élites culturales, porque procedan de la capital del reino, porque las usen los periodistas... Estas son las consideradas correctas —por la norma—, diga lo que diga la gramática interna de cada uno. De esta manera, hay secuencias gramaticales correctas —aprobadas tanto por las reglas gramaticales de los hablantes como por la norma—, como puede ser *Se me cayó el vaso*, pero también otras incorrectas —aprobadas por las reglas de los hablantes, pero no por la norma—, como *Me se cayó el vaso*.

Así las cosas, en esta sección, voy a darte las respuestas a las cuestiones gramaticales que, seguramente, más dudas te generan.

Género

Habrás escuchado con frecuencia esta palabra, en muchos contextos diferentes: que si identidad de género, que si género humano, que si género y especie... Y en todas estas combinaciones significa cosas distintas.

Ahora bien, en el ámbito de la lengua, debes tener claro que el género es una categoría gramatical propia de los sustantivos (*chico, chica*) y algunos pronombres (*él, ella*) que se combinan con determinantes (*el, la*), cuantificadores (*mucho, mucha*), adjetivos (*bonito, bonita*) y participios (*cascado, cascada*).

En español distinguimos entre sustantivos:

- **Masculinos y femeninos.** Aquellos que tienen una desinencia que marca su género (*gato, gata*).

- **Comunes en cuanto al género.** En este caso, sabemos que un nombre es masculino o femenino no por su terminación, sino por el determinante que lo acompaña (*el/la periodista*). Por favor, no los llames *neutros* porque en español los sustantivos no tienen este género.

- **Ambiguos.** Por si tuvieras pocas certezas en la vida, piensa que hay palabras que dudan del género que tienen (*el/la mar*) y tú, como hablante, utilizas uno u otro según las aprendieses, dónde las escuchases o en qué contexto las utilices.

- **Epicenos.** Son aquellos nombres que tienen un único género gramatical, independientemente del sexo del ser al que se refieran (*la persona, el individuo*). Mete en esta categoría también la inmensa mayoría de los nombres de animales (*el elefante*) y, si necesitas indicar su sexo, acuérdate de los documentales de La 2 (*El elefante macho vigila desde la distancia, mientras que el elefante hembra cuida de los pequeños*).

- **Heterónimos.** Sé que estos pueden darte algún que otro dolor de cabeza, básicamente, porque utilizas una palabra para el femenino (*nuera*) y otra para el masculino (*yerno*).

Es natural que te surja una pregunta respecto al género: ¿tiene el género gramatical algo que ver con los genitales? Pues bien, no necesariamente.

En el caso de los nombres que no se refieren a seres animados, el uso de un género u otro puede venir condicionado por:

- **Significado.** En algunos casos, el uso de un género u otro viene condicionado por el sentido. ¿O acaso significa lo mismo *la cólera* que *el cólera* o *la cometa* que *el cometa*?

- **Procedencia.** Piensa que muchos de los nombres de árboles son masculinos (*almendro*, *naranjo*, *ciruelo*), pero el de sus frutas son femeninos (*almendra*, *naranja*, *ciruela*). Y la razón está en el origen y evolución de las palabras.

- **Tamaño.** ¿Acaso ocupa lo mismo *un pozo* que una *poza*? ¿Es más fácil cruzar *un río* o *una ría*? ¿Cabe lo mismo en *un bolso* que en *una bolsa*? En algunas palabras, el femenino refleja un tamaño mayor que el masculino, e incluso intensidad (*el/la calor*).

- **Carácter colectivo.** Sin darte cuenta, a veces utilizas el femenino con un valor colectivo (*madera*) frente al masculino, más concreto (*madero*).

- **Entretenimiento**. Sí, no lo niegues, muchas veces cambias el género de las palabras en registros coloquiales o vulgares (*idioto*, *cotillo*) para cachondearte.

En el caso de los nombres que denotan personas, lo habitual es que el género gramatical se corresponda con su identidad de género. Voy a contarte cuál es el procedimiento habitual para las profesiones y los cargos que, según la tradición, ocupaban los hombres: originalmente, se mantenía el masculino (*Ella es el arquitecto de la empresa*); con el paso del tiempo, pasa a ser común (*Ella es la arquitecto de la empresa*), y, por último, se normaliza la flexión (*Ella es la arquitecta de la empresa*). No todos los nombres de profesiones han realizado este camino con la misma velocidad. Así, mientras que *la arquitecto* suena un poco anticuado, *la juez* se acepta tanto como *la jueza*.

A continuación tienes unas pautas generales que te salvarán de más de un apuro cuando dudes de qué género tiene un nombre de persona:

✧ Las palabras que acaban en **-o** (*jardinero*) suelen hacer el femenino en *-a*, salvo:

- Algunas concretas (*modelo, testigo, jurado, soprano, miembro*…).
- Las que acaban en *-todo* (*metomentodo*), pues sigues teniendo en la mente que es una palabra compuesta (*meterse* + *en* + *todo*).
- Algunos acortamientos (*la fisio*, por *la fisioterapeuta*).
- Los epicenos que acaben en esta letra (*ídolo, portento*).

- Tradicionalmente, las palabras de la escala militar (*soldado*). Ahora bien, ¿a que no te resulta extraño escuchar el femenino *capitana*? Bien, eso es por dos motivos: el primero, porque hay ámbitos —como el deportivo— en el que se utiliza; segundo, porque la cobertura mediática sobre la princesa Leonor y sus futuros cargos como *capitana general* hacen que se asiente esta forma.

✧ Las que acaban en ***-a*** (*guía*) suelen ser comunes en cuanto al género, aunque algunas palabras pueden tener hasta dos femeninos formados por distintas desinencias (*la poeta/poetisa, la vampira/vampiresa*) o ser solamente femeninas al tratarse de sustantivos epicenos (*la víctima*).

✧ Las que acaban en **-e** (*agente*) suelen ser comunes, aunque también forman femeninos en *-a* (*la presidenta, la jefa*) o se quedan tal cual si son epicenos (*el personaje*).

✧ Las que acaban en ***-i*** (*maniquí*) o ***-u*** (*gurú*), que son pocas, son comunes si se refieren a personas (*el/la saltimbanqui*).

✧ Las que acaban en ***-ar*** (*auxiliar*), **-er** (*chófer*), ***-ir*** (*faquir*) o ***-ur*** (*augur*) tienden a ser comunes, aunque algunas tengan femeninos acabados en *-esa* (*juglaresa*) o *-a* (*bachillera*).

- Las que acaban en **-or** (*profesor*) hacen el femenino en *-a* (*escritora*) o con la terminación *-triz* (*emperatriz*).
- Las que acaban en **-y** (*yóquey*) suelen funcionar como comunes, aunque tenemos la excepción de *rey* (*reina*).
- Las que acaban en **-n** (*bailarín*) o **-s** (*marqués*) hacen el femenino en *-a* (*baronesa*), aunque otras son comunes (*el/la rehén*).
- Las que acaban en **-l** (*corresponsal*) o **-z** (*capataz*) suelen ser comunes, aunque también pueden formar femeninos acabados en *-a* (*jueza*).
- Las que acaban en cualquier **otra consonante** (*chef*) suelen ser comunes, con excepciones (*abadesa*).

Por último, no te olvides de:

- Hacer el femenino en todas las palabras que formen parte del nombre de un cargo o una profesión (*técnica editorial*).
- Usar el femenino para los nombres de países, ciudades, pueblos… que acaban en *-a* (*la España*) y el masculino para los que acaban en *-á* (*el Panamá*) o en otra letra (*el Brasil*).
- Asignar a las siglas y los acrónimos (ver secciones SIGLAS y ACRÓNIMOS) el género de la palabra que actúa como núcleo (*la ONU* [*organización*]).

✧ En los nombres de marcas y productos, usar el género de aquello que representan (*una Honda* [*motocicleta*]), aunque pueda variar por zonas (*el Coca-Cola* [*refresco*] y *la Coca-Cola* [*bebida*]).

Género no marcado

Debes saber que un rasgo lingüístico (género, número, tiempo verbal, persona...) puede estar marcado o no marcado cuando dos o más variantes de ese rasgo —para el género: masculino y femenino— están enfrentadas de manera que una de ellas permite denotar también a la otra. De forma más sencilla, la variante no marcada engloba a la marcada. Así, verás que el plural está marcado sobre el singular porque podemos usar el singular para referirnos a una realidad plural (*cubertería, rebaño, familia*). Fíjate en *El león come gacelas*. ¿Se refiere a un león en concreto o a todos los leones del mundo? Es ambiguo, ¿verdad? Será el contexto lo que nos ayude a diferenciar. Si lo hemos visto en un documental del canal National Geographic, se referirá al animal concreto que sale en pantalla, pero si lo hemos leído en un libro sobre animales, lo más probable es que se refiera al conjunto de todos los leones. También puedes ver esta marcación en los tiempos verbales. ¿Se te ocurre algún tiempo verbal (presente, pasado, futuro) que pueda englobar al resto? El presente, ¿verdad? Pues con este tiempo puedo hablar de acciones pasadas —el famoso *presente histórico*— (*Julio César cruza el río y dice a sus tropas que avancen*), presentes (*Cruzo el puente*) y futuras (*Mañana los pájaros cruzan el cielo*).

Lo mismo pasa con el género. En el español estándar, de los dos géneros que presenta, el femenino es el género marcado y el masculino, el no marcado. Así, cuando decimos que *Las profesoras llegaron al aula*, lo que se entiende es que todas las personas que llegaron fueron mujeres. Por el contrario, una oración como *Los profesores llegaron al aula* necesita de más contexto para saber la identidad de género de los docentes. Es decir, el masculino se considera género no marcado porque su uso engloba también al femenino (es decir, que no es excluyente, como sí lo es el femenino respecto al masculino).

Este uso no marcado (también llamado *genérico*) del masculino se utiliza en dos casos:

- **Grupos mixtos.** Cuando nos referimos a un grupo de personas con distintas identidades de género (*Todos los jardineros podaron un seto, aunque ellas los dejaron mejor que ellos*).

- **Identidad de género desconocida.** Cuando desconocemos la identidad de género de la persona a la que nos referimos (*Un buen médico siempre atiende al paciente sin prisas*).

Como ves, el masculino no es excluyente del femenino en este uso genérico, pero esta explicación no resuelve todos los problemas. Lo que no se expresa se invisibiliza —aunque exista—, y este uso no marcado invisibiliza al género femenino, así como a las identidades de géneros disidentes del binarismo (masculino-femenino). Menos mal que nuestra lengua —y cualquier otra— cuenta con recursos para poder incluir a la mitad de la población que no se ve reflejada en el masculino, como los que engloba el llamado lenguaje inclusivo.

El lenguaje inclusivo

Desde hace unos años, a nadie le resulta extraño oír hablar del *lenguaje inclusivo* y de lo importante que es para mejorar la sociedad, pero también de los retos que supone para nuestro idioma tal y como lo conocemos.

No son pocas las personas que creen que una lengua puede ser machista, homófoba, racista... ¿Es cierto que lo es? No. Pero sí puede serlo el uso que hace cada hablante de ella. La lengua es una herramienta y, del mismo modo que puedes usar un martillo para montar un mueble o para golpear a alguien, puedes usarla para construir o para herir.

El lenguaje inclusivo se puede definir como una forma de comunicación que evita de manera activa la discriminación al interlocutor por razones de identidad, orientación, creencias, capacidades, origen, nivel de estudios, clase, condición... Normalmente se reserva el término para la no discriminación por identidad de género. Para lograrlo, existen múltiples formas y construcciones que permiten establecer un lenguaje en el que ninguna persona se sienta discriminada, como ahora veremos.

Algunas de ellas son iniciativas que chocan con la gramática española estándar, como el uso de la @, la *x* o la e por distintos inconvenientes. Déjame decirte que estos recursos pueden aparecer sin problema en pancartas o textos que no tienen una intención comunicativa, sino reivindicativa (*Todes juntes somos más fuertes*). En estos casos, que cada cual se exprese como quiera, siempre con la premisa de que allí donde no llega la gramática siempre llega el respeto. ¿Quién sabe? Nada impide que, con el paso del tiempo, la -e pueda incorporarse al español como una marca en la que tengan cabida las personas no binarias y otras identidades disidentes de género, además de una marca de género no marcado, que son los dos usos principales que los hablantes que la utilizan le han dado.

Que estos recursos no sean opciones recomendables para visibilizar la inclusión a corto y medio plazo siguiendo las pautas del español normativo no implica que los hablantes no dispongamos de otros recursos afines a la norma. Algunos que puedes utilizar para evitar las marcas de género son:

- **Desdoblamientos.** Esta opción es gramaticalmente correcta. Sin embargo, puede resultar algo tediosa tanto en el discurso oral como en el escrito, pues reduplicar constantemente cualquier término con su masculino y su femenino (*los trabajadores avispados y las trabajadoras avispadas*) implica utilizar más palabras de las necesarias y, en definitiva, hacer que la idea principal se diluya. Por eso este recurso suele utilizarse únicamente para los saludos. ¿Quién no ha ido al circo y ha escuchado decir al maestro de ceremonias «Damas y caballeros, niños y niñas…» y continuar con el masculino genérico?

- **Sustantivos colectivos.** Utilizar palabras como *ciudadanía*, *equipo* o *grupo* sirven para englobar a las personas independientemente de su género.

- **Prescindir del nombre** en frases como *Acceso gratuito para [niños] menores de siete años.*

- **Sustantivos epicenos.** Ya sabes, aquellos que cuentan con un único género gramatical, como *pareja*, *acompañante*, *persona*…

- **Sustantivos abstractos.** Voces como *presidencia*, *dirección* o *secretaría* son muy útiles para evitar construcciones como *el presidente*, *la directora* o *el secretario*.

- **Determinantes y pronombres sin marca de género.** Cambia los determinantes y los pronombres por otros que no tengan marca de género (*Quien quiera venir que llame*, frente a *El que quiera venir que llame*).

- **Impersonales.** En muchos casos podrás transformar tu oración personal —aquella que tiene sujeto— en una impersonal (*Se podrán presentar los proyectos mañana*, frente a *Los aspirantes podrán presentar los proyectos mañana*).

En todo caso, no culpemos al *Diccionario* ni a la *Gramática* de sexismo, racismo, homofobia... Los hablantes son quienes conforman el lenguaje, de ellos depende su evolución y que los cambios en los usos acaben en los manuales. Un ejemplo es el persa o farsi, idioma en el que los sustantivos y pronombres no tienen género gramatical, pero que en los países donde se habla —Afganistán e Irán, entre otros— los derechos de muchos colectivos y minorías son inexistentes. Se podría quizá decir que, formalmente, su lenguaje es inclusivo, aunque la realidad sea otra trágicamente distinta.

Número

Sé que si te hablo de la palabra *número*, seguramente, vengan a tu cabeza un montón de cifras, pero no. En este caso me refiero a la propiedad gramatical tanto de los sustantivos como de los adjetivos en función de si se refieren a una cosa o varias, a saber, singular (*mesa*) y plural (*mesas*), respectivamente.

Como te expliqué en el apartado anterior, algunas palabras tienen un género y no más, como los sustantivos epicenos (ver sección GÉNERO); sin embargo, la mayoría suelen tener un singular o un plural. Las excepciones las puedes ver, por ejemplo, en los *singularia tantum* (*sed*), los *pluralia tantum* (*viandas*), los nombres colectivos (*rebaño*), los genéricos en alguna frases (*La ballena es un animal peligroso*), los incontables (*pan*), los numerales —salvo el *uno*— (*siete*) o algunas oraciones distributivas donde no cambia el significado si usas el singular o el plural (*Agárrese fuerte*). ¿Recuerdas lo que te expliqué antes de la *no marcación*? (ver sección GÉNERO NO MARCADO).

En general, sabes hacer el plural perfectísimamente, bien añadiendo -s (*sofás*), bien añadiendo -es (*codornices*), bien dejando la palabra como está si acaba con alguna de estas formas y añadiendo un determinante (*las crisis*). Sin embargo, ahora te explico cómo debes formar los plurales por si te entran las dudas.

Si acaban en consonante:

- Las que acaban en **-d** (*edad*), **-j** (*reloj*), **-l** (*pastel*), **-n** (*flan*), **-r** (*táper*) y **-z** (*interfaz*) hacen el plural con -es (*edades, relojes, pasteles, flanes, táperes, interfaces*), salvo que sean esdrújulas —que se mantienen igual— (*los polisíndeton*) y el término *hipérbaton* (*hipérbatos*).

- Las que acaban en **-b** (*baobab*), **-c** (*cómic*), **-f** (*chef*), **-g** (*gag*), **-k** (*kayak*), **-m** (*módem*), **-p** (*chip*) y **-t** (*mamut*) hacen el plural con -s (*baobabs, cómics, chefs, gags, kayaks, módems, chips, mamuts*), salvo palabras excepcionales como *club*, que tiene dos plurales válidos (*clubs, clubes*), o la palabra *álbum* (*álbumes*).

- Las que acaban en **-s** (*cactus*) o **-x** (*fax*) hacen el plural con -es cuando son palabras agudas (*compases*) o monosílabas (*faxes*), pero se quedan invariables si son llanas (*virus*) o esdrújulas (*isósceles*). Reserva los *sofases* y los *cafeses* para las conversaciones en el bar, no para tus textos.

- Las que acaban en **varias consonantes** (*iceberg*) suelen añadir una -*s* (*icebergs*) o quedarse invariables si son complicadas de pronunciar (*los test*). Si acaban en -*ch*, bien añaden -*es* (*sándwiches*), bien se quedan como están (*los crómlech*).

Si acaban en vocal:

- Las que acaban en ***-a*** (*casa*), **-e** (*mate*), ***-i*** (*caqui*), **-o** (*lobo*), ***-u*** (*sudoku*), ***-á*** (*jacarandá*), **-é** (*café*) y **-ó** (*gachó*) hacen el plural con -*s* (*casas, mates, caquis, lobos, sudokus, jacarandás, cafés, gachós*), salvo los de *faralá, albalá* y *no* (*faralaes, albalaes, noes*). Para *yo* puedes usar tanto *yos* como *yoes*.

- Las que acaban en ***-í*** (*bisturí*) y ***-ú*** (*gurú*) hacen el plural tanto con -*es* como con -*s* (*bisturís/bisturíes, gurús/gurúes*). Suelen preferirse en -*es* para los gentilicios (*marroquíes*) y en -*s* para los extranjerismos adaptados (*champús*) y los coloquialismos (*gachís*). Para el adverbio *sí* se prefiere *síes*; para la nota musical *si, sis*.

- Las que acaban en **-y** (*jersey*) normalmente hacen el plural con -*s* (*jerséis*).

Si son compuestos:

- Si se escriben en una palabra (*girasol*) o en dos, unidas por un guion (*gibraltareño-leonés*), se forma el plural con la última palabra (*girasoles*, *gibraltareño-leoneses*).
- Si se escriben separadas (*guardia civil*), ambas adoptan el plural (*guardias civiles*).
- Si la segunda palabra ya está en plural (*cortaúñas*), permanece invariable (*los cortaúñas*).
- Si son dos sustantivos que forman una unidad (*perro guía*), se forma el plural con el primero (*perros guía*).
- Si son dos sustantivos y el segundo se comporta como un adjetivo (*niño soldado*) o se convierte en atributo con el verbo *ser* (*niño que es soldado*), puedes hacer el plural del segundo nombre (*niños soldados*) o dejarlo invariable (*niños soldado*). Ten en cuenta que si el segundo sustantivo tiene un prefijo y es singular, se queda invariable (*depresiones posparto*); si ya está en plural, se mantiene (*medios antidisturbios*).

Y aquí tienes algunos casos especiales:

- **Nombres propios.** Forma el plural con normalidad siguiendo las reglas anteriores (*los Antonios*, *las Marías*, *los Álex*). En el caso de los apellidos, forma el plural si te refieres a cualquier persona que lo comparta (*Ni* *este Ferrera ni todos los Ferreras del mundo podrán conmigo*), pero mantén el nombre singular si te refieres a una unidad concreta donde sus miembros comparten el apellido (*Hoy cenamos en casa de los Manrique*).

- **Nombres de platos.** Sé que te gusta la tortilla de patata, pero seguro que la degustas mejor cuando sabes que puedes usar tanto *tortilla de patatas* como *tortilla de patata.*

- **Nombres comerciales.** Si acaban en vocal (*Moleskine*) suelen hacer el plural con *-s* (*Moleskines*). El resto de los casos permanece invariable (*los Seat*).

- **Colores.** En el caso de que sean sustantivos (*rosa, naranja, salmón*), puedes dejarlos invariables (*camisas rosa, naranja, salmón*) o seguir las reglas de los plurales (*camisas rosas, naranjas, salmones*). Si son adjetivos, haz el plural correspondiente (*pantalones azules*). En el caso de que utilices un color compuesto, déjalo invariable (*ojos verde esmeralda*).

Concordancia

Si te propongo la frase *La casa y la cabaña bonitas*, sabes que tanto *la casa* como *la cabaña* son igual de hermosas porque el adjetivo *bonitas* está en femenino y en plural. O si te digo *Añade el calabacín y la cebolla pelada*, sabes que el calabacín va con piel, no así la cebolla. En otras palabras, toda esta información la sabes por las distintas concordancias.

En gramática, se entiende por concordancia la relación que se establece entre dos unidades léxicas (determinantes y sustantivos, sustantivos y adjetivos, sujeto y verbo...), la cual se basa en cuatro pilares:

- Forma (*La niña pequeña come galletas*).
- Significado o sentido (*La mitad de las personas corrió/corrieron al verlo*).
- Proximidad (*La indispensable vigilancia y control nocturnos*).
- Posición (*Tiene una preciosa nariz y boca*).

Ten en cuenta que la matriz de la concordancia por la forma gramatical es la siguiente:

- En el caso de los determinantes, los sustantivos y los adjetivos, estos deben concordar en género (masculino o femenino) y número (singular o plural), lo que se conoce como *concordancia nominal* (*la milana bonita*).
- En el caso del sujeto y del verbo, estos deben coincidir en número (singular o plural) y persona (primera, segunda o tercera), lo que se conoce como *concordancia verbal* (*Mi amigo es de Soria*). En las oraciones pasivas, la concordancia verbal incluye también el género (masculino o femenino) en el participio (*La mujer fue vista por última vez en el parque*).

Las reglas generales que debes tener en cuenta son las siguientes:

- **Adjetivos y sustantivos.** Si un adjetivo (*madrileño*) califica a varios sustantivos (*anciano*, *anciana*) o pronombres, debe ir en plural —pues afecta a varios nombres— y en masculino si tienen distinto género (*el anciano y la anciana madrileños*).

- **Pronombres y verbos.** Si un elemento del sujeto es un pronombre de segunda persona (*tú, usted, vosotros, vosotras*) y no hay ninguno de primera (*yo*, *nosotros*, *nosotras*), haz la concordancia en segunda del plural (*Tu amigo y tú iréis a la fiesta*). Sin embargo, el de primera será el que marque la persona si aparece (*Tú y yo somos buenos amigos; aunque, al final, ellos y nosotros formamos parte del mismo equipo*).

Una vez que te he explicado las pautas generales, te cuento cuáles son algunos de los casos especiales de concordancia verbal:

- ***La mayoría de los alumnos llegó/llegaron tarde.*** Cuando te encuentres con un sujeto formado por un cuantificador (*la mayoría, la mitad, una parte*...), la preposición *de* y un complemento en plural (*los alumnos, las personas, las familias*...), puedes optar tanto por el singular (*La mayoría de los alumnos llegó tarde*) o por el plural (*La mayoría de los alumnos llegaron tarde*). Ahora bien, si no figuran los determinantes, haz la concordancia en plural (*Infinidad de personas creen que todo mejorará en los próximos años*).

✧ ***Esta clase de personas suele(n) equivocarse.*** Con palabras como *clase, especie, variedad, tipo*... puedes hacer la misma doble concordancia que en el caso anterior, bien en singular (*Esta clase de personas suele equivocarse*), bien en plural (*Esta clase de personas suelen equivocarse*).

✧ ***La gente huía, pero también gritaba(n) y chillaba(n).*** Sé que tienes claro que la palabra *gente* es un sustantivo colectivo que, aunque se refiere a una colectividad, tiene número singular y, por lo tanto, el verbo debe ir en singular (*la gente huía*). Sin embargo, cuando aparezcan varios verbos sin un sujeto expreso, en los segundos, terceros... tan válida es la concordancia en singular —elidiendo *gente*— (*La gente huía, pero también gritaba y chillaba*) como en plural —elidiendo *ellos*— (*La gente huía, pero también gritaban y chillaban*).

✧ ***Todo el grupo pensábamos lo mismo.*** Si te incluyes dentro del nombre colectivo (*grupo, gente, familia*...), no es censurable que el verbo vaya en primera (*Todo el grupo pensábamos lo mismo*) o en segunda persona (*Todo el grupo pensabais lo mismo*), aunque sea un rasgo propio de la oralidad.

✧ ***Quien tiene la culpa eres tú.*** Cuando te encuentres con el verbo *ser* acuérdate de que quien manda es el pronombre personal (*Quien tiene la culpa eres tú*).

En el caso de que tengas un pronombre de primera persona, ese pronombre marcará la concordancia (*Él no soy yo*).

✧ ***Mi pareja es española, pero mi expareja es arquitecto.*** Al igual que te mostraba antes, el verbo *ser* —así como *estar* y *parecer*— son algo especiales, ya sabes, copulativos, y, por lo tanto, cuando el atributo es un adjetivo, es el adjetivo el que concuerda con el sujeto gramatical (*Mi pareja es española*), independientemente de la identidad de género de la persona. Sin embargo, cuando el atributo es un sustantivo, olvídate del género de la palabra y hazlo concordar con la identidad de género del referente (*Mi expareja es arquitecto*).

✧ ***Nos encanta(n) la montaña y la playa.*** Si colocas el verbo delante de un sujeto plural formado por la coordinación de dos elementos singulares, el verbo puede ir en singular (*Nos encanta la montaña y la playa*) o en plural (*Nos encantan la montaña y la playa*).

✧ ***El silencio o el ruido genera(n) un malestar.*** En los casos en los que aparece la conjunción *o* son válidas las concordancias tanto en singular (*El silencio o el ruido genera un malestar*) como el plural (*El silencio o el ruido generan un malestar*). Ahora bien, recurre al singular si te refieres a la misma cosa (*El ordenador o computador funcionó bien hasta ayer*).

- ***Había muchas personas, aunque hacía cuarenta grados.*** Sí, sé que el ®*habían* te abre las carnes cuando lo ves —o escuchas— en oraciones impersonales, por eso te recuerdo que las impersonales no llevan sujeto y, por lo tanto, es incorrecto formar los plurales en verbos como *haber* o *hacer* en este tipo de oraciones.

- ***Se venden casas mientras se busca a los ladrones.*** El primer caso (*Se venden casas*) es lo que se conoce como *pasiva refleja* y, por lo tanto, el verbo debe concordar con el sujeto paciente (*casas*). Sin embargo, el segundo (*Se busca a los ladrones*) es una oración impersonal que forma parte del selecto grupo de construcciones que no necesitan a nadie para tener sentido y, por ello, el verbo se mantiene en tercera persona del singular.

Ahora toca hablar de los casos especiales de concordancia entre nombres, adjetivos y otros elementos:

- ***Lo miró con profunda extrañeza y alivio.*** Si el adjetivo que acompaña a dos sustantivos va delante, hazlo concordar con el primero (*Lo miró con profunda extrañeza y alivio*); si va detrás de los nombres, en plural, siguiendo las reglas generales que te enseñé antes (*Lo miró con extrañeza y alivio profundos*).

- ***El amor o el odio acumulados hacia la localización o lugar exacto.*** Cuando te encuentres con diferentes nombres en singular unidos por *o* y un adjetivo que acompañe a ambos, pon el adjetivo en plural (*El* *amor o el odio acumulados*), salvo que se traten de la misma cosa y, por lo tanto, el adjetivo vaya en singular (*La localización o lugar exacto*).

- ***En la página doscientas aparece la habitación trescientos.*** Vale, sé que esta frase te ha chirriado, pero si te encuentras con un número cardinal (*uno*) que se utiliza con sentido de ordinal (*primero*) que aparece detrás de un nombre, puedes hacerlo concordar en género con el nombre (*página doscientas*) o con el término elidido *número* (*habitación [número] trescientos*).

- ***Sara es una de las alumnas más listas de la clase.*** Aunque lo habitual es que hagas concordar en género el atributo *uno* (o *una*), así como el resto de los elementos, con el sujeto, si se trata de un nombre femenino (*Sara es una de las alumnas más listas de la clase*) y quieres dejar claro que, además de destacar en el grupo de las alumnas, destaca sobre todos, puedes optar por fórmulas mixtas (*Sara es una de los alumnos más listos de la clase* o *Sara es uno de los alumnos más listos de la clase*).

- ***Les dije a los niños que llegaran pronto.*** Presta atención —te lo pido por favor— a la concordancia entre los elementos duplicados y no pongas en singular lo que va en plural, como el pronombre *le* (*Les dije a los niños que llegaran pronto*, no *Le dije a los niños que llegaran pronto*).

- ***El águila bebía la agüita.*** Aquí está una de aquellas reglas que tienes grabadas a fuego, ya sabes, la de que los nombres que empiezan por *a* tónica cambian el determinante *la* por *el* (*el águila, el agua*), no así los demás (*esa águila, esta agua*). En el momento en el que la palabra cambia la sílaba tónica de posición, debes usar *la* (*la aguilucha, la agüita*). Como excepción, ten presente que algunos nombres femeninos mantienen el determinante *la*: el de las letras (*la a, la hache*), los propios (*la Ávila, la Ámbar*) y las siglas (*la AMPA*).

> Te lo pongo en formato píldora para que así no se te olvide. Como bien dice el dicho, «nunca digas de ⊗este agua no beberé...» porque lo correcto es decir *esta agua*.

- ***Yo no doy más de mí y tú eres tímido de por ti.*** Supongo que tendrás alguna camiseta *dada de sí* por el uso y tu padre habrá *vuelto en sí* después de que se le pasase el sofocón por lo carísima que fue, ¿verdad? Piensa que estas construcciones deben cambiar el pronombre según la persona (*Yo no doy más de mí* o *Tú volviste en ti*, nada de ⊗*Yo no doy más de sí* ni ⊗*Tú volviste en sí*). En el caso de *de por sí*, no vas a tener grandes problemas para las formas del singular (*yo de por mí, tú de por ti, él o ella de por sí*). Pero ¿y el plural? En estos casos, recurre a su equivalente: *por naturaleza* (*Nosotros somos tímidos por naturaleza*).

✧ ***Mi amigo, cuyo padre es abogado.*** Cuidado con olvidarte de que el relativo adecuado para indicar posesión es *cuyo* (*cuyo padre*) y no ®*que su* (*que su padre*), combinación que sí es correcta en otros casos (*Me dijo que su padre era abogado*).

¡Ah! Te dejo para el final de la sección aquella que tanto te gusta:

✧ ***Detrás de ti y al lado mío.*** Recuerda a quien haga falta que *detrás* o *delante* son adverbios y que, por lo tanto, no deben concordar con ningún adjetivo (*detrás de ti*, no ®*detrás tuyo*), cosa que sí hacen sustantivos como *lado* (*lado mío*).

Gerundio

Tres son las formas no personales del verbo, es decir, que no muestran formas distintas en función de cuál sea el sujeto, frente a las personales (*canto, cantas, canta*): gerundio, participio e infinitivo.

El gerundio es la forma del verbo que acaba en *-ando* (*cantando, amando*) o en *-(i)endo* (*comiendo, leyendo, tañendo*) y es la hermanastra malvada de la morfología verbal. Tanto se ha criticado su uso —y, sobre todo, su abuso— que hay muchas personas que prefieren no utilizarlo y sustituirlo por otras estructuras, por miedo a equivocarse. Te voy a enseñar cómo usarlo correctamente para que puedas ir presumiendo de gerundio sin parecer un ciudadano de la Roma imperial.

Los gerundios, generalmente, modifican a otro verbo principal y funcionan como adverbios. Y, aunque sea una forma no personal del verbo, el gerundio tiene sujeto, que normalmente coincide con el del verbo principal (en *Las mujeres trabajan dándolo todo*, quienes lo dan todo son *las mujeres*). Sin embargo, algunos verbos admiten también gerundios cuyo sujeto coincide con el complemento directo del verbo principal (*Desde mi ventana vi a los niños jugando en el parque*, donde los que juegan son *los niños*, no *yo*). Fíjate en que una oración como *Pedro pintó a María cenando* es ambigua (¿quién cenaba? ¿Pedro o María?), por eso es importante que evites la construcción si el contexto no la aclara.

Cuándo debes usar el gerundio:

- Cuando denota una acción simultánea a la del verbo principal (*Cocino escuchando música*) o anterior (*Llegando la profesora, los alumnos dejaron de portarse como babuinos*).

- Cuando denota una acción posterior, pero que es tan inmediata que se percibe como simultánea (*Salió de clase dando un portazo*).

Cuándo no debes usar el gerundio:

- **Gerundio de posterioridad.** Cuando el gerundio denota una acción posterior a la del verbo principal que no se interpreta como inmediata (⊗*Se vino a vivir conmigo, dejándome a los cinco meses*).

✧ **Gerundio de cualidad.** En español, el gerundio modifica al verbo, no a otro nombre —como sí puede hacerlo en francés o en inglés—. Así, no digas ®*Me quitaron el paquete conteniendo droga*, sino *Me quitaron el paquete que contenía la droga*. Solamente se admite en ciertas expresiones como *Me quemé con el aceite hirviendo* o *Sujeta la vela ardiendo*, además de cuando se trate de verbos de acción o de movimiento (*Vi la luz extendiéndose por el cielo*).

✧ **Gerundio partitivo.** Cuando el sujeto del gerundio se corresponda con una parte del sujeto del verbo principal, no abarque todo, no lo uses, por muy bien que te suene (®*Cogieron tres libros, siendo uno de mi autor favorito*).

✧ ***En* + gerundio.** Aunque Cervantes escribiera en el *Quijote* «En rebuznando yo, rebuznaban todos [...]», el uso de *en* con el gerundio no está a la orden del día.

Por cierto, los gerundios no siempre se construyen con oraciones subordinadas. Cuando forman parte de una perífrasis verbal —un conjunto de dos o más verbos de los que uno tiene significado léxico— son el verbo principal y van acompañados de un verbo auxiliar, que es el que concuerda con el sujeto (*Ahora estoy escribiendo este libro, mañana continuaré escribiéndolo y la semana que viene seguiré escribiéndolo*).

Participio

Sé que aprendiste en el colegio que el participio es la forma verbal que acaba en *-ado* (*cantado*, *amado*) o en *-ido* (*comido*, *vivido*) y que puede funcionar como adjetivo (*El hombre amado se sienta a mi vera*). También sabes que hay muchos verbos que tienen formas irregulares del participio (*dicho*, *escrito*, *visto*...). Y estoy seguro de que incluso sabes que hay otros que tienen formas tanto regulares como irregulares (*imprimido/impreso*, *freído/frito*, *prendido/preso*, *soltado/suelto*...), pero igual dudas de cuándo usarlos. Aquí te lo explico.

Como norma general, cuando un verbo tiene dos formas de participio:

- ✧ Usa la regular para las formas verbales (*He soltado a los perros*, no ®*He suelto a los perros*).

- ✧ Usa la irregular para su uso como adjetivo (*Vi a los perros muy sueltos*, no ®*Vi a los perros muy soltados*).

Una excepción son los verbos *imprimir*, *freír* y *proveer*, que pueden utilizar indistintamente las dos formas en los usos verbales (*He imprimido/impreso los carteles*, pero *Los carteles impresos están en la mesa*).

Por último, recuerda que todos los participios deben concordar en género y número con el sustantivo cuando funcionan como adjetivos (*Las niñas amadas*) o cuando son el verbo de una oración pasiva (*Los dirigentes fueron vapuleados por el pueblo*).

¡Ah! Y sí, *rompido* se considera un vulgarismo.

Infinitivo

Creer, vivir, comer, pasear… El infinitivo es la forma con la que llamamos a los verbos y, por lo general, sabes usarlo sin ningún problema. Pero, por si acaso, vamos a repasar algunos usos incorrectos del infinitivo que habitan en lo salvaje:

- ***Informarles de que este libro es útil.*** Cuando tengas que escribir un comunicado o decir unas palabras en la cena de empresa y sientas la necesidad de emplear un infinitivo como verbo principal, resiste. Utiliza, en su lugar, las formas personales del verbo (*Les informamos de que este libro es útil*).

- ***Venir, niños.*** Efectivamente, el uso del infinitivo con valor de imperativo está tan extendido como la gripe en invierno y, por supuestísimo, su uso es incorrecto. Puedes usarlo, eso sí, en instrucciones impersonales (*Romper en caso de incendio*) y con el verbo *ir* con el clítico *os* (*iros*), pero eso os lo cuento en el siguiente punto.

Imperativo

A todos nos encanta mandar y se nos da muy bien, por eso sé que dominas el imperativo a las mil maravillas, tanto en singular (*¡Aprende lo que te digo!*) como en plural (*Cuidad vuestra ortografía, que es un bien de lujo*). También sabes que el imperativo se utiliza de manera propia para la segunda persona en oraciones afirmativas, y que lo sustituimos:

- Por el presente de subjuntivo con el resto de las personas (*Venga usted mañana*) y en oraciones negativas (*No me toques las palmas, que me conozco*).

- Por el infinitivo para dar órdenes cuando viene una preposición (*¡A comer!*) o también cuando viene negada y es genérica (*No pisar el césped*).

- Por expresiones (*¡Silencio!*).

La cosa se complica un poco cuando tenemos que meterle clíticos al asunto:

- ***Hazme caso.*** En singular es fácil, se añade el pronombre y chimpún (*Mírame, vente y dale la vuelta a la tortilla*).

- ***Aprendámonos las reglas.*** Con la primera persona del plural, al añadir el clítico *-nos*, quita de en medio la *-s* final del verbo (*Disfrutemos y disfrutémonos*).

- ***Corregíos vuestros errores.*** Con el imperativo plural, al añadir el clítico *-os*, la *-d* final del verbo te la zampas (*Amad y amaos los unos a los otros*). Es incorrecto poner aquí una *-r-* (®*Amaros entre vosotros*).

- ***E iros (¿o idos?) a vuestra casa.*** ¡Ay, el famoso *iros*! ¡Cuántas discusiones ha provocado! Te lo resumo. Si aplicamos la regla anterior, la forma del verbo *ir* con clítico sería *íos* (que es correcta, aunque nos suene más antigua que el gotelé). Sin embargo, de manera irregular, este verbo es el único que también admite la -*d* en esta estructura (*Idos todos a mi casa*). Sin embargo, en la oralidad —¡en la oralidad, no más, recuerda!—, esta forma se sustituye generalmente por *iros*, que no es un verdadero infinitivo (aunque lo parezca), sino el resultado de un fenómeno llamado *rotacismo* (en el que una consonante cambia a -*r*-).

Por último, recuerda que no es correcto añadir una -*s* a las formas de singular, así que no digas a tu pareja «Ves a buscar al niño», por muchas horas que tu hijo lleve esperando en la puerta del colegio.

Leísmo, laísmo y loísmo

Quizá sea tu criptonita lingüística este punto de la gramática, el que más dudas te plantea porque te bailan los pronombres de tercera persona… o no. Sea como fuere, voy a contarte en qué consisten estas palabras que acaban en -*ísmo* y a darte los recursos que necesitas para no caer en errores.

Como sucede en cualquier aspecto de la vida, el primer paso para solucionar el problema es identificarlo. Así, hablamos de:

- **Laísmo.** Cuando usas *la* y corresponde *le*.
- **Loísmo.** Cuando usas *lo* y corresponde *le*.
- **Leísmo.** Cuando usas *le* y corresponde *lo* o *la*.

El segundo es entender cuándo debes usar cada pronombre de tercera persona. Básicamente:

- ✧ Utiliza *lo(s)* y *la(s)* para sustituir al complemento directo (*Vi a Pilar y abracé a Luis* sería *La vi y lo abracé*), ya sabes, aquel sobre el que la acción verbal recae directamente.

- ✧ Utiliza *le(s)* para sustituir al complemento indirecto (*Dije a los niños que se callaran* sería *Les dije que se callaran*).

Llegado a este punto, te advierto de que te engañaron en el colegio al decirte que el complemento directo se identifica preguntando *¿qué?* al verbo, porque no funciona siempre. La única prueba que funciona —como la del algodón para el polvo— es convirtiendo la oración activa (*Juan come una manzana*) en pasiva (*Una manzana es comida por Juan*). Si funciona en pasiva, entonces has dado con el complemento directo de la oración.

Ahora sí, llega la excepción que estabas esperando:

- ✧ Puedes utilizar *le* como pronombre para sustituir al complemento directo siempre que dicho complemento sea una persona, masculino y singular (*Yo vi al niño* podría ser *Yo le vi* o, preferiblemente, *Yo lo vi*). Recuerda que es una excepción y que puede llevarte a cometer errores (*Yo vi a los niños* únicamente puede ser *Yo los vi*, no ⊗*Yo les vi*, pues *niños* es plural).

Como amigo, te aconsejo que si tienes problemas con el leísmo, no utilices esta excepción. ¿Crees que alguien que está en un tratamiento contra el alcoholismo puede tomarse una cerveza o un carajillo y que no tenga consecuencias? ¿A que no? Pues tú estás desintoxicándote del leísmo, así que no utilices en tus textos esta excepción o serás igual de leísta que Susanna Griso o Gloria Serra. Que no caiga en vano la advertencia.

Por si fuera poco, también tenemos algunos verbos o construcciones algo especiales que debes tener en cuenta a la hora de escoger los pronombres:

✧ **Verbos de afección psíquica.** Son aquellos que te perturban tanto como un mensaje de tu ex (*asustar, asombrar, molestar*...).

- Utiliza *lo(s)* y *la(s)*, preferiblemente, cuando el sujeto sea una persona y pretenda afectar el ánimo (*Mi hermano asustó a mi prima* sería *Mi hermano la asustó*).

- Usa *le(s)* cuando el sujeto sea una oración, una cosa o no haya voluntad de afectar (*Estos problemas no preocupan a Mario* sería *Estos problemas no le preocupan*).

✧ **Verbos de influencia.** Son aquellos que pretenden influir en una persona para que haga algo (*ordenar, autorizar, prohibir*...).

- Utiliza *lo(s)* y *la(s)*, preferiblemente, cuando estos verbos lleven un complemento de persona y otro precedido de una preposición (*Invitó a Tamara a comer* sería *La invitó a comer*).

- Usa *le(s)* cuando el verbo sea *permitir, prohibir, proponer, impedir, mandar* y *ordenar* (*Prohibió a Manuel que se fuera a vivir al campo* sería *Le prohibió que se fuera a vivir al campo*).

✧ **Verbos con complemento indirecto expreso y directo elidido.** Sabes que hay algunos verbos (*pegar, disparar, robar…*) que tienen un complemento directo elidido, es decir, que no está en la oración (*golpe, pistola, bolso…*), y el indirecto expreso (*anciana, hombre, la niña…*). En estos casos usa *le(s)*. (*Robé [el bolso] a la anciana* sería *Le robé [el bolso]*) porque se trata de un complemento indirecto.

✧ **Verbos *hacer* y *dejar*.** Estos dos verbos se comportan de manera diferente con los sentidos de 'obligar' y 'permitir'.

- Utiliza *lo(s)* y *la(s)* si el verbo subordinado no necesita un complemento directo (*Dejé entrar a Carla* sería *La dejé entrar*).

- Usa *le(s)* si el verbo subordinado necesita un complemento directo (*Dejé a Alfredo que viese la película* sería *Le dejé que viese la película*).

Por otro lado, ten en cuenta que hay verbos que puedes construir tanto con los pronombres de complemento directo como con los de indirecto —como *ayudar* u *obedecer*— y que el leísmo de cortesía —aquel que sustituye a *usted(es)*— es correcto en español.

¡Ah! Si en algún momento tienes una duda extrema sobre qué pronombre debes usar, recurre a un amigo andaluz, canario, mexicano… Ellos siempre aciertan.

Preposiciones

Ha llegado el momento de hacer un pequeño viaje en el tiempo para hablar de las preposiciones españolas. Quizá te las aprendieses en orden alfabético, quizá cantadas. Aquí las tienes: *a*, *ante*, *bajo*, *cabe*, *con*, *contra*, *de*, *desde*, *durante*, *en*, *entre*, *hacia*, *hasta*, *mediante*, *para*, *por*, *según*, *sin*, *so*, *sobre*, *tras*, *versus*, *vía*. Me atrevería a decir que es probable que alguna no te suene en absoluto. Básicamente porque apenas las utilizas, como *so* y *cabe*, que ves en alguna expresión fosilizada (*so pena de*) y porque esta lista ha variado a lo largo de la historia del español, ampliándose y reduciéndose. ¿A que tampoco usas *allende* o *aquende* ni aprendiste que *excepto* o *pro* son preposiciones?

Además de las que te he mostrado antes, tenemos otras palabras que actúan de un modo parecido, como puede ser *donde* (*Voy donde mi hermana*), *como* (*Lo usan como almacén*), *cuando* (*Cuando la guerra, comíamos poco*)…

Como sabes qué significan cada una de ellas, voy a contarte algunas apreciaciones y usos de las preposiciones que podrían darte algún que otro quebradero de cabeza:

- ***Putodefender a España* o *putodefender España*.** Hace un tiempo, un manifestante gritaba enfurecido que estaba en la calle por *putodefender España* y, además de saber que aquí *puto-* actúa como un prefijo intensificador y que, como se une a *defender* debe escribirse junto (ver sección PREFIJOS), puedes dudar sobre incluir o no la preposición *a*. Prescinde de ella si te refieres al territorio (*putodefender España*). Si te refieres a los ciudadanos, añádela (*putodefender a España*).

✧ ***Busco un camarero o busco a un camarero.*** Imagínate que llegas a un cóctel después de un paseo larguísimo bajo un sol de justicia y te mueres de sed, ¿hecho? En ese caso, estarás deseando que alguien te ponga una bebida fría, te da igual quién, por eso *buscas un camarero*. Sin embargo, cuando llevas un buen rato allí y fichas al que lleva el jamón estarás deseando que ese, en concreto, pase por tu lado, ¿verdad? En ese caso *buscas a un camarero*, con la preposición.

✧ ***Temas a tratar.*** Ha llegado el momento de tratar un tema: el de la construcción propia del francés *sustantivo + a + infinitivo*. Recuerda que, en español, esa preposición que ves combinada de muchas formas (®*problemas a resolver*, ®*cuestiones a abordar*…) no es adecuada y que puedes sustituirla por las palabras *por* (*temas por tratar*), *para* (*temas para tratar*) y *que* (*temas que tratar*). Tampoco te aconsejo que utilices la construcción ®*ejemplo a seguir*, la propia RAE considera que es evitable y que puedes cambiarla por *ejemplo para todos*, entre otras opciones.

✧ ***Cepilla al perro y lleva la oveja al redil.*** Quizá te llame la atención que a veces incorporas la preposición *a* con algunos nombres de animales (*Cepilla al perro*); pero otras te la comes con patatas (*Lleva la oveja al redil*). La cuestión, en ocasiones sutil, es que depende de la proximidad afectiva, es decir, si lo consideras un miembro más de la familia —¿acaso no quieres más a tu gato que a muchas personas?— incluirás la preposición; si lo tratas como un animal no doméstico, la evitarás.

- ***Lo hice bajo la base de tus ideas.*** Si lees la frase dos veces, verás que no tiene sentido la preposición *bajo* aquí. Porque ¿qué hay debajo de la base de algo? Sin duda, un sinsentido gravísimo. Utiliza, por supuesto, *sobre* (*Lo hice sobre la base de tus ideas*).

- ***Bajo o desde mi punto de vista.*** Sé que has defendido siempre que se dice *desde mi punto de vista*, pero te aclaro que esta forma es tan correcta como *bajo mi punto de vista*. Lo siento.

- ***Bajo demanda.*** Este tipo de expresiones son un calco del inglés. Por eso, de momento, es preferible utilizar otras como *por encargo* o *según demanda*, aunque se utilice una barbaridad.

- ***Contra más.*** Ten cuidado con utilizar la preposición *contra* cuando quisiste decir *cuanto* (*cuanto más*) en las comparativas proporcionales. Por cierto, en países centroamericanos y en México es muy habitual el uso de *mientras más* y *entre más*.

- ***Opino de que.*** Vale que el grupo Ojete Calor tiene una canción buenísima llamada así. Pero ¡fíjate en qué espanto gramatical han caído! Recuerda que debes prescindir de la preposición *de* en muchos casos (®*hacer de reír*, ®*una vez de…*) para no cometer el famoso *dequeísmo*. Tampoco te olvides de incorporarla cuando es necesaria (*estar seguro de*, *preocuparse de*, *alegrarse de…*) o caerás en el *queísmo*. Por último, ten en cuenta que en algunos casos la presencia o ausencia es opcional (*avisar algo* o *de algo*, *informar algo* o *de algo*, *dudar algo* o *de algo…*).

- ***Vaso de agua.*** Si alguna vez has corregido a alguien por usar la preposición *de* en este tipo de construcciones (*vaso de agua*, *platos de macarrones* o *latas de cerveza*), frente a otras, pídele perdón. Es correcto.

- ***El amigo del del pantalón marrón.*** Por raro que te pueda parecer, puedes repetir dos preposiciones o dos contracciones sin problema, aunque te recomiendo que no abuses de este recurso. También pueden combinarse dos preposiciones diferentes pero seguidas (*Lo rescató de entre los escombros*).

- ***Volvemos en cinco minutos.*** Aquí tienes un error que hasta puede que te extrañe por su uso abrumador: el de la preposición *en* con valor futuro. En estos casos, lo adecuado es cambiarla por *dentro de* (*Volvemos dentro de cinco minutos*) o *al cabo de* (*Volvemos al cabo de cinco minutos*). ¿A que te has quedado de piedra?

- **Hecho en madera.** Cuidado, un error frecuentísimo es el de utilizar la preposición *en* para indicar el material de algo. Si quieres seguir dominando la gramática, utiliza *de* (*Hecho de madera y bañado en oro*).

- **Entre que vas y vienes...** No te entretengas demasiado, no vaya a ser que cometas este error. Recuerda que la preposición *entre* es incorrecta en esta construcción y que debes sustituirla por *mientras* (*Mientras que vas y vienes...*).

- **Por contra.** He aquí un galicismo de manual. En español, lo adecuado es usar *en cambio, por el contrario* o *contrariamente.*

BLOQUE IV

LÉXICO

UN MUNDO DE PALABRAS

Es evidentísimo que, sin las palabras, este libro no tendría ningún sentido. No me preguntes por la cifra exacta de palabras que manejamos en español, porque el volumen es tan alto que sería más fácil barrer una playa, ya que son el fruto de las distintas relaciones y contactos humanos a lo largo de los siglos. ¿O acaso pensabas que nuestras palabras aparecieron por arte de magia?

Para que te hagas una idea, una inmensa mayoría de nuestro léxico —obviamente— proviene del latín (*mesa*), pero también de las lenguas prerromanas —como el íbero, el celta o el tartesio— (*perro*), de lenguas germánicas (*guerra*), del árabe (*azúcar*), de lenguas amerindias (*maíz*), del francés (*jamón*) o del inglés (*selfi*).

A todo lo anterior se suman los mecanismos más habituales para formar palabras que tenemos los hablantes. Uno de los principales motivos por los que tú y yo creamos palabras es porque necesitamos nombrar una nueva realidad (*metaverso*) u otorgarle un nuevo sentido (*buscador*). Todos estos nuevos términos se conocen como *neologismos*. Si te preguntas cuándo un neologismo deja de serlo, te adelanto que no hay un único hito, como que figure en el *Diccionario* de la RAE o lleve determinados años en nuestra lengua; simplemente, ocurre sin que nos demos cuenta. ¿A que es maravilloso?

Neologismos

Remángate porque llega el momento de hablar sobre cómo se crean las nuevas palabras en nuestra lengua. Antes que nada, debes saber que no hace falta que haya una palabra para cada cosa —aunque ahora verás que hay mecanismos para crearlas (*petricor*)— y que siempre puedes utilizar alguna expresión algo más larga (*olor que se produce tras llover en suelo seco*, eso significa *petricor*). Los neologismos son palabras recién nacidas, así que para que no se te mueran en los labios, crezcan fuertes y se reproduzcan de boca en boca necesitas que cumplan una serie de requisitos: que no haya otra palabra o expresión asentadas que sirva para nombrar exactamente lo mismo, que el resto de los hablantes puedan comprender su formación, que su significado sea lo más claro posible y que siga las pautas fonéticas y morfológicas del español, entre otros.

Los métodos más habituales para crear neologismos son estos:

- **Adaptación.** El español es una lengua que cuenta con los recursos suficientes para adoptar palabras extranjeras, bien adaptando la escritura a la pronunciación (*champú*), bien adaptando la pronunciación a la escritura (*zoo*).

✧ **Calcos.** Puedes traducir literalmente los componentes del extranjerismo y quedarte más a gusto que un arbusto (*supermercado*).

✧ **Eponimia.** Si te hablo de *unos quevedos* o de ser *una celestina* o *un judas* sabrás que, en el primer caso, me refiero a unas gafas; en el segundo, a una persona que concierta una relación amorosa, y, en el tercero, a un traidor.

✧ **Raíces clásicas.** Echa mano del griego o del latín para formar palabras propias del ámbito científico-técnico (*geotermia*), aunque muchas de ellas con el tiempo —y por el uso— pasan al léxico general (*homofobia*).

✧ **Siglas.** Las nuevas palabras pueden surgir, a veces, a través de siglas (ver sección SIGLAS), es decir, del resultado de sumar iniciales o las primeras letras de una expresión, como ocurre con *ovni* (*objeto volador no identificado*). Este procedimiento es muy interesante desde el punto de vista lingüístico, pues con él, además de ahorrarte algunas letras o fonemas, a veces hasta cae en el sueño de los justos la referencia original, como ha ocurrido con *láser* (*light amplification by stimulated emision of radiation*).

✧ **Acrónimos.** Aunque ya viste qué era un acrónimo (ver sección ACRÓNIMOS), en el contexto de los neologismos es un mecanismo de formación que consiste en unir elementos de dos palabras, en especial, el principio de la primera y el final de la segunda, como sucede con *listículo* (de *lista y artículo*), que hace referencia a un artículo compuesto por listas. Este proceso es uno de los más productivos del español, pues se trata de un método que pocas veces obliga a los hablantes a devanarse los sesos para crear nuevas palabras fáciles de comprender, al contrario que en *juernes*, *narcodrón* o *electrolinera*.

✧ **Derivación.** El español cuenta con prefijos y sufijos, morfemas que se añaden a palabras ya existentes para formar palabras nuevas. Así, de *machete* tenemos *machetear*, *machetiza*, *machetismo*…, y de *crear* podemos obtener *recrear* o *procrear*. Incluso con ambos a la vez, como *anochecer* o *intramuscular*.

Además de lo anterior, también podemos hacer ampliaciones de significados, es decir, añadir nuevos sentidos a palabras que ya tenemos (*sanitario*, *alucinar*, *tóxico*…), generalmente porque guardan algún tipo de relación o parecido (*viral*) o porque una base ha añadido ese nuevo sentido. Hasta hace unas décadas, el elemento *sero-* (*suero*) se utilizaba de forma exclusiva con el sentido de 'sangre' (*serocultivo*). Sin embargo, con la llegada del VIH+, la *seropositividad* empezó a especializarse con el sentido de 'que contiene anticuerpos específicos en el suero sanguíneo, especialmente del virus del sida', y este primer elemento incorporó un significado nuevo. Un caso claro sería el de la palabra *serofobia*, donde *sero-* se refiere a la persona seropositiva.

Cuidado con las palabras

Ya sabes que en la vida nada es lo que parece, así que te pido que no des por sentado ningún significado. Por ejemplo, es probable que alguien de tu entorno utilice el verbo *mesar* con el sentido de 'acariciar o atusar los cabellos', ¿a que sí? Pues bien, según el diccionario académico esta palabra significa 'arrancar el cabello o la barba con las manos, o tirar con fuerza de ellos', y no otra cosa; y deja de *destornillarte* de risa cuando lo que quisiste decir fue *desternillarte*, pues la primera, seguramente, duela mucho más que la segunda.

Un caso curioso es el del adverbio *sensiblemente*. La mayoría de los hispanohablantes tienen claro su sentido, aunque, paradójicamente, no coincidan. Para algunos, significa 'ligeramente'; para otros, 'notablemente'.

Esta palabra, recogida ya en el primer diccionario académico, siempre se ha definido, con alguna que otra variación por el camino, como 'perceptible por los sentidos'. También hubo otra acepción que la acompañó al principio de los tiempos ('con dolor, pesar o pena') hasta que, en el 2001, se marchó para hacer hueco a una nueva que los hablantes querían incorporar: 'de manera sensible: evidente e importante'.

Sé que si para ti significa 'ligeramente' estarás tan sorprendido como cuando yo me la encontré en una duda que nos planteó un consultante a la Fundéu. Pronto nos dimos cuenta en el equipo de que podía ser una cuestión de edad. La encuesta confirmó las sospechas: el adverbio *sensiblemente* estaba experimentando una ampliación o un cambio de significado, de modo que para buena parte de los hablantes más jóvenes no significa ya lo mismo que para sus padres y sus abuelos; un proceso que ya sufrieron otras palabras, como *terriblemente* —hasta 1884 significaba 'espantosa, violenta u horriblemente', y desde 1925, 'extraordinaria o excesivamente'—.

Volviendo al asunto, ¿de dónde podía venir este nuevo significado de *sensiblemente* si no está recogido en ningún diccionario? Quizá del hecho de que parte de su significado incluya el ser 'perceptible por los sentidos'. Pero ¿cuándo algo es perceptible?: ¿cuando se distingue de forma muy clara?, ¿cuando apenas se nota?, ¿cuando se percibe, sin más?

Es cierto que, en algunos casos, el bendito contexto nos ayuda a encontrar el significado adecuado, algo que con esta palabra es mucho más complejo, y por eso resulta aconsejable utilizar otras que no induzcan a un error de significado hasta que esta pícara lengua nuestra deje de jugar con los hispanohablantes y se decante *sensiblemente* por un significado u otro.

Así las cosas, conviene tener cuidado cuando utilices este adverbio en tus textos, dado que es probable que no todos lo entiendan de la misma forma. No querrás que interpreten lo contrario de lo que querías decir, ¿verdad?

> Otro ejemplo es el de *bizarro*, que ha pasado de significar 'valiente', 'generoso', 'lucido' y 'espléndido' a 'raro', 'extravagante' y 'fuera de lo común' por influencia del término inglés *bizarre*. Y así está ya recogido en el *Diccionario* desde 2021.

Extranjerismos innecesarios

Si te hierve la sangre cada vez que escuchas un extranjerismo innecesario para referirte a algo de toda la vida, te doy la bienvenida a mi equipo. Como te he explicado al comienzo de este bloque, adaptar extranjerismos no es malo, salvo que se utilicen en sustitución de otras palabras asentadísimas y mucho más comprensibles que las foráneas.

Aquí tienes una pequeña lista con extranjerismos cuyo uso pueden convertirte en un hortera por puro postureo:

Catetada	**Forma correcta**	**Catetada**	**Forma correcta**
new faces	caras nuevas	*call*	llamada
red carpet	alfombra roja	*slot*	franja/tramo
spoiler	destripe	*masterclass*	clase magistral
detox	depurativo	*delivery*	envío
stepback	paso atrás	*pincode*	código
break	receso/parada	*remake*	versión/adaptación
mutear	silenciar	*healthy*	saludable
runner	corredor	*front row*	primera fila
bakery	bollería/panadería	*unboxing*	desempaquetar
celebrities	famosos	*sold out*	agotado
followers	seguidores	*influencer*	influente/influyente

En cuanto a los términos deportivos, algunos han pasado con éxito o se adaptaron, como *córner, tenis, fútbol, trial*...; en otros, no triunfó la forma extranjera, como *balonmano, baloncesto*..., y con otros estamos a ver qué pasa, con clara ventaja del inglés en la competición, como *runner* y *cross*.

¿Hay un español mejor que otro?

Es muy probable que si atendiste a tu profesor en clase hace unas décadas —no tantas—, respondas que sí a la pregunta del título. Y me arriesgo a decir sin miedo a equivocarme que crees que el mejor español es el de Valladolid —pronunciado, además, con una [v], como si fueras francés—, ¿a que sí? Pues siento decirte que estás en un error. Pero no te preocupes, es más habitual de lo que piensas.

Todas y cada una de las lenguas del mundo presentan variación y diversidad. Lo natural es que una lengua tenga diferentes formas (sonidos, morfemas, palabras, estructuras...) para una misma realidad y que estas —llamadas *variantes*— se usen en contextos diferentes —geográficos, situacionales, de clase...—. Por mucho que venga un autor enfadado con miles de mensajes publicados en redes sociales, esta variabilidad lingüística es imparable. A partir de estas variantes, en todas las lenguas surge la noción de *norma lingüística* —no la confundas con la normatividad, que la norma en español existía antes de la fundación de la RAE—: el conjunto de aquellas variantes que los hablantes consideran más prestigiosas.

En este punto me dirás que este debe ser el mejor español, el más prestigioso. Sin embargo, aquí está la trampa: las razones por las que los hablantes consideran una variante más prestigiosa que otra no son lingüísticas. Dicho de otro modo, no hay nada en la lengua que diga que *albóndiga* es mejor que *almóndiga*, por mucho que tú creas que sí. Las razones son puramente sociales y externas a la lengua: los hablantes prefieren las variantes que utiliza el grupo social con más prestigio (económico, cultural, político…), para ver si hablando como ellos se les pega algo de esa influencia —fíjate en cómo habla Tamara Falcó y su entorno—. Por ejemplo, en la Edad Media, el núcleo de prestigio siempre era el lugar donde se asentaba la corte real, y sus rasgos lingüísticos eran los que prefería el resto de la población. Tanto en el siglo pasado como en el que estamos, los periodistas y autores literarios eran y son los que dictaminan la norma —no por otra cosa la palabra *mileurista* pasó de un periódico a la boca de toda una generación—.

La preferencia por esas variantes no tiene nada de malo en sí misma, pero su contrapartida sí. Piensa que el rechazo de las formas no prestigiosas implica un rechazo a los grupos sociales que las utilizan, lo que recibe el nombre de *glotofobia*. Si no me gusta cómo eres tú —por ser de una clase social más baja, de una región más pobre…—, no me gustará cómo hablas. Y si un desconocido utiliza la misma forma de hablar que tú, por muy majo que sea, no me caerá bien. Este rechazo social, que no tiene ningún fundamento lingüístico, es el responsable de que algunas personas se burlen del habla andaluza, de los dialectos hispanoamericanos o de la lengua asturiana, tanto que hasta recibió el nombre despectivo (y luego reivindicado) de *bable*.

Ninguna de las variantes de una lengua es mejor que las otras, por mucho prestigio social que tengan. Y, ya que estamos, es importante recordar que ninguna lengua es mejor que otra, independientemente del grado de desarrollo cultural, económico y tecnológico de la sociedad que la emplee. La variante normativa o estándar —que, en el caso español, es la que te he explicado en este libro— es aquella que se diseña artificialmente para su uso en la enseñanza, los medios de comunicación… y se construye principalmente con las variantes de prestigio de una región, aunque no siempre. Ya me dirás tú a mí qué prestigio tiene el *idos* frente al *iros* que la mayoría usa en su día a día.

Lo natural es que una lengua tenga variantes y que, además, cambie con el tiempo. La evolución lingüística es algo también imparable. A partir de las variantes de una lengua, el cambio de frecuencia de uso de una variante frente a la otra hace que la lengua evolucione; ni a mejor ni a peor, simplemente, cambia. De hecho, puede y suele cambiar tanto que lo que empieza como un error hoy —una variante nueva— mañana acaba siendo parte de la norma de prestigio —e incluso entre en el estándar—. ¿A que te parece que lo correcto correctísimo en español es decir *murciélago* y *atril*, y no *murciégalo* o *latril*? Pues has de saber que el *murciégalo* con el que tanto te has reído en alguna conversación era la forma correcta originalmente. En latín a este animal se le llamaba *mus caeculus* ('ratón cieguito') y su evolución al español dio de forma natural *murciégalo*, que fue el uso habitual de la palabra —incluso Cervantes la utilizó—, pero que con el paso del tiempo se transformó en *murciélago*. Algo similar ocurrió con el *lectori¯le* latino, que evolucionó en el español medieval a *latril*. El uso con el artículo (*el latril*) hizo que los hablantes creyeran que esa *l-* procedía del artículo y no del nombre, por lo que empezaron a decir *atril*, y así se ha quedado hasta hoy.

Como ves, las variantes consideradas erróneas en una época pueden acabar sentando la norma de la generación siguiente. Así que no te rías de tu abuela cuando dice que lleva puestas *las andalias*, en vez de *las sandalias*, porque igual a tu tataranieto le enseñan en un futuro que lo correcto es llevar *andalias* y no *sandalias*.

No todas las palabras están en el *Diccionario*...

«Si no está en el *Diccionario*, no existe» puede ser la frase que más haya escuchado de supuestos defensores del idioma. Como sé que eres una persona con dos dedos de frente y que no se queda con clichés absurdos, entenderás que no todas las palabras de tu vocabulario pueden estar en el diccionario académico. Piensa que se trata de una obra que tiene unos límites y que sería imposible recoger todas y cada una de las voces y sentidos que se utilizan en las distintas regiones y disciplinas. Tampoco va a recoger términos cuyos significados sean fáciles de deducir a partir de otros que están incluidos, derivados —como diminutivos, aumentativos...— o nombres propios.

Para encontrar algunas palabras que no son frecuentes, tendrás que recurrir a los diccionarios específicos o vocabularios.

Su misión es recoger el uso que los hablantes les dan o les han dado a palabras para que el resto puedan comprenderlas si se topan con ellas en una conversación o en un texto. Para que una palabra o un significado forme parte de esta obra de la RAE, es necesario que se haya documentado su uso y se haya considerado que tiene la relevancia suficiente como para que se admita. Si alguna vez tu primo te dice que cómo puede ser que hayan incluido una palabra o un significado que nunca ha usado, aconséjale que viaje más —y que abra la mente—, pues el *Diccionario* recoge términos y sentidos que se utilizan en todo el ámbito panhispánico. Y que tampoco se sorprenda cuando incorpore alguna palabra por la que pondría la mano en el fuego si le dijeran que estaba.

Respecto a si la RAE debe eliminar algunas expresiones o palabras, te confieso que ojalá eliminando palabras como *guerra*, *desahucio*, *homofobia*... se acabase con el problema. Piensa que aquello que no se nombra no se reivindica, se ataca o se defiende. Así pues, no consideres que esta obra es discriminatoria, pues entre sus funciones no está la de censurar usos —aunque lo que sí hace es advertir a quienes consultan de que determinada palabra o sentido se utiliza con un sentido despectivo—. Tampoco digas de ella que es un nido de errores, pues todos los vulgarismos y coloquialismos tienen su marca correspondiente.

De vez en cuando surge polémica por la acepción despectiva de *gitano* o *judío*, y hace un tiempo los panaderos se manifestaron para que se suprimiera el refrán *pan con pan comida de tontos* porque los que comen pan son listos (expresión que, por cierto, no está en el *Diccionario*). Lo fundamental es tener claro que los diccionarios deben recoger los usos históricos y despectivos para entender los textos en toda su extensión.

… ni todas las palabras que aparecen en el *Diccionario* están en el español

Quizá te sorprenda este título, pero ¿qué me contestarías si te contara que ha habido —y hay— palabras en el *Diccionario* que no significan nada? Antes de que te dé un patatús, voy a decirte que en esta obra académica hay fantasmas. Sí, pero no como Casper (o Gasparín).

Se conoce como *palabra fantasma* a las voces que se han incluido en obras de referencia —como el diccionario académico— bien por malentendidos, bien por erratas que figuraban en la palabra de la que se tomó y cuyo significado, por lo tanto, es puramente inventado.

Vente conmigo a principios del siglo XVIII, cuando la recién nacida Real Academia Española está a punto de dar a luz el primer tomo del *Diccionario de autoridades*, el primero de todos, compuesto por palabras que se extraen de obras y personas de autoridad. El caso es que el secretario de la Academia, Vicencio Squarzafigo, se encuentra —en su edición del *Quijote*— con una palabra algo extraña: *amarrazón*, que figura en la frase «... y contar la amarraçon con que este barco está atado». La cuestión es que este término le pareció al secretario tan extraño como a ti y la Academia se inventó, por contexto, su significado; la del *Diccionario de autoridades*: 'Término náutico. Las cuerdas, cables y gúmenas con que se atan, afirman y asseguran las embarcaciones en los Puertos'; la que pervivió durante veinte ediciones del diccionario académico —desde la de 1780 hasta la de 1984—: 'Conjunto de amarras'.

Entonces, ¿de dónde viene el error? Del espacio eliminado entre *amarra* y *con* («... y cortar la amarra con la que este barco está atado»). Por suerte, este error se detectó antes de que se publicase la edición de 1992 y la palabra fue eliminada.

Algo parecido sucedió también con dos palabras que se añadieron en 1770: *amenoso*, definida como 'lo mismo que ameno', cuya forma adecuada es *gamenosas* [*gamonosas*] ('abundante en gamones', un tipo de planta), y *amasadijo*, que debió ser *amasijo*.

Como ves, estas y otras palabras fantasma dan bastante susto; pero cualquier obra, por solemne y seria que sea, es, al fin, un trabajo humano que puede contener algún que otro error.

Cuando alguien te diga: «Esta palabra no existe porque no está en el *Diccionario*», basta con que le respondas: «Esta palabra existe y la prueba es que la estás diciendo».

Recursos

En *El pequeño libro para escribir sin faltas* he buscado resolverte las principales dudas lingüísticas que pueden surgirte en tu día a día y explicarte de forma amena las normas actuales que rigen el español.

Ahora, tanto tú como yo sabemos que las dudas son infinitas —como la estupidez humana, decía Newton—. Así que te dejo una serie de obras y recursos gratuitos que podrán ayudarte a profundizar en aquellos asuntos a los que no han llegado estas páginas.

- ***Diccionario de la lengua española.*** Ya sabes que el diccionario académico tiene sus limitaciones, pero si quieres consultar el significado de alguna palabra o expresión, la conjugación verbal o sus sinónimos y antónimos, puedes encontrarlo en <https://dle.rae.es>. Por cierto, si por circunstancias de la vida terminas en un juicio y necesitas usar la definición de una palabra, los tribunales españoles solamente admiten las definiciones que figuran en esta obra, no en otras.

- ***Diccionario panhispánico de dudas.*** Uno de los diccionarios más útiles de la RAE, que recoge las principales dudas idiomáticas que te pueden surgir sobre ortografía, gramática, léxico... Está disponible en <www.rae.es/dpd> y te aseguro que esta versión actualizada te salvará de muchos apuros.

- ***Ortografía de la lengua española.*** Si te ha parecido corto el bloque de este libro dedicado a la ortografía o necesitas profundizar algo más, está disponible en <https://aplica.rae.es/orweb/cgi-bin/buscar.cgi>. También está disponible su versión básica en

<https://www.rae.es/ortograf%C3%ADa-b%C3%A1sica/>, mucho más sintética y directa.

✧ ***Nueva gramática de la lengua española.*** Todas las cuestiones gramaticales que te surjan podrás encontrarlas en esta obra, que está disponible en <https://www.rae.es/gramática/>. Al igual que ocurría con la ortografía académica, también dispone de una versión básica <https://www.rae.es/gramática-básica/>.

✧ ***Glosario de términos gramaticales.*** No te agobies si conceptos como *perífrasis*, *pasiva refleja*, *locución* o *transitividad* se te hacen bola al leerlos en las publicaciones académicas. Esta obra ha nacido para explicártelos de una manera comprensible y está disponible en <https://www.rae.es/gtg/>.

✧ ***Libro de estilo de la lengua española.*** Si quieres una versión algo más ampliada de las explicaciones que te he mostrado en este libro y profundizar en aspectos como la ortotipografía o la escritura digital, puedes acceder a la versión en línea en <https://www.rae.es/libro-estilo-lengua-española/>.

- **Wikilengua del Español.** Un proyecto promovido por la Fundéu que se ha convertido en un recurso esencial para aquellos que trabajan con las palabras donde se recoge, además del contenido de las obras académicas, el de distintos manuales de estilo. Está disponible en <www.wikilengua.org> y te animo a que participes y amplíes los contenidos con tu sapiencia.

- ***IEDRA.*** Si lo tuyo, más que buscar, es explorar palabras (en qué definiciones aparecen, qué frecuencia de uso tienen, su acentuación, qué diccionario la registró por primera vez…) tanto en el diccionario académico como en otros de uso, estás tardando en entrar a <www.iedra.es> y bucear en el español.

✧ **Fundación del Español Urgente (Fundéu).** La institución patrocinada por la RAE —desde 2020— y la Agencia EFE que promueve el buen uso del español, especialmente en los medios de comunicación, pone a tu disposición, por un lado, utilísimas recomendaciones lingüísticas diarias sobre temas de actualidad y, por otro, un servicio gratuito de resolución de dudas lingüísticas —concretas y puntuales— del que puedes hacer uso a través de su página web <www.fundeu.es>, del correo electrónico, del número de teléfono y de las redes sociales (X, Instagram y Facebook).

✧ **Real Academia Española (RAE).** En la página web de la RAE (<www.rae.es>) encontrarás acceso a las obras citadas antes y otras más, como el *Diccionario de americanismos*, el *Diccionario panhispánico del español jurídico*, el *Diccionario histórico de la lengua española*… Por supuesto, a los corpus lingüísticos y también a las preguntas frecuentes (disponibles en <https://www.rae.es/espanol-al-dia/preguntas-frecuentes>) resueltas por el Departamento de

«Español al día». Además, puedes plantearles tus dudas por la red social X, añadiendo la mención a su perfil (@RAEinforma) y la etiqueta #dudaRAE.

Agradecimientos

A ti, por tu tiempo leyendo estas páginas. Confío en que este libro se convierta en tu botiquín de primeros auxilios lingüísticos.

A todos los hablantes, por transformar el idioma.

A mi editora, María Campos, por confiar en mí para este proyecto y por su amistad. Gracias por sacar lo mejor de cada escritor y convertirlo en libro.

A todo el equipo de Alienta que ha trabajado en esta obra, en especial a Amanda, Carla y Carola. Gracias a ellas, hoy está en tus manos.

A mis correctoras y amigas, Susana Sierra y Olga García, por su profesionalidad y el cariño con el que han tratado mi texto. Cualquier error, en primer y último lugar, siempre será mío.

A mis agentes literarios de Editabundo, especialmente a David de Alba y Pablo Álvarez, por permitirme formar parte de la gran familia de autores y autoras.

A mis alumnos y alumnas, por todas las horas compartiendo nuestra pasión por la lengua, y a mis compañeros de Cálamo & Cran.

A la radio y la televisión públicas, por ser mi altavoz para transmitir lo que más me apasiona, especialmente a Mara Peterssen y Chema García Langa, por los momentos que compartimos en equipo.

A Aldar, por ser la -e que rompe y arregla el español.

A Cihuela y su gente, por haberme dado un pueblo —y también a todos los escritores que han pasado por esta residencia literaria—.

A la eterna Fundéu, mi otra familia.

Sobre el autor

Álex Herrero (Madrid, 1995) es corrector, editor y divulgador lingüístico. Trabajó como asesor lingüístico en la Fundación del Español Urgente entre 2016 y 2022. Actualmente es formador en el centro para profesionales de la lengua Cálamo & Cran, donde imparte cursos de corrección, edición, comunicación y lenguaje claro. En el campo de la divulgación, habla sobre el idioma y sus curiosidades en *Crónica de España* (RNE) y *La aventura del saber* (TVE), entre otros medios y programas, además de ser autor de *Somos lengua* (Destino, 2023), coordinador de *1001 curiosidades, palabras y expresiones del español* de la Fundéu (Debate, 2020) y redactor de *Punto y coma, etcétera* de la RAE y la ASALE (Taurus, 2025).

En 2015 fundó la editorial {Pie de Página} y la ha dirigido hasta diciembre de 2024. También corrige para distintos grupos editoriales e instituciones y es el anfitrión de la residencia literaria La Casa de Cihuela.

www.alexherrero.es
Instagram y X: @alexvonkarma
BlueSky: @alexherrero